MOTHER & SON
THE RESPECT EFFECT

养育男孩

（母亲版）

（美）爱默生·艾格里奇◎著

刘海静◎译

九 州 出 版 社
JIUZHOUPRESS

图书在版编目（CIP）数据

养育男孩：母亲版 ／（美）爱默生·艾格里奇著；
刘海静译 .-- 北京：九州出版社，2017.3（2018.9 重印）
ISBN 978-7-5108-5140-7

Ⅰ．①养… Ⅱ．①爱… ②刘… Ⅲ．①男性－儿童教
育－家庭教育 Ⅳ．① G782

中国版本图书馆 CIP 数据核字（2017）第 059713 号

Published by arrangment with Thomas Nelson, a division of HarperCollins Christian Publishing,

Inc. through The Artemis Agency.

版权合同登记号 图字：01-2017-0348

养育男孩（母亲版）

作　者	（美）爱默生·艾格里奇 著　刘海静 译
出版发行	九州出版社
地　址	北京市西城区阜外大街甲 35 号（100037）
发行电话	（010）68992190/3/5/6
网　址	www.jiuzhoupress.com
电子信箱	jiuzhou@jiuzhoupress.com
印　刷	北京荣泰印刷有限公司
开　本	700 毫米×930 毫米　16 开
印　张	11.75
字　数	120 千字
版　次	2017 年 4 月第 1 版
印　次	2018 年 9 月第 5 次印刷
书　号	ISBN 978-7-5108-5140-7
定　价	42.00 元

谨以此书献给我的妻子萨拉。

"如果我早点知道'尊重效应'对儿子的积极影响，我会成为一个远比现在优秀的母亲。"——这是她多年来一直传达的一句话。

作为一个母亲，在养育子女方面她比我这个做父亲的要好上 25 倍。但我倡导的"尊重法则"同样深深地影响了她，转而也影响了我们的儿子们。从他们对我们的赞赏来看，育儿中的"尊重法则"的确是有效的。

我还要将此书献给我身在天国的母亲。她对我始终都很尊重。

目录 contents

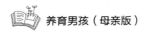

一份证词

过去二十年里，在我游历全球，探索融洽的家庭关系要素的过程中，我逐渐认识到一个道理。

一个男孩需要母亲的尊重。

不只是她的爱，还有她的尊重，这也正是这本书要传达的核心信息。我相信这个信息将为你的母子关系带来梦寐以求的改变，这种改变并非源自我的文字。事实上，我尽力不让自己成为一种干扰。因为这一简单的信息本身就蕴含着改变生命的力量，它能触及一个男孩心灵的至深处。

谈到母子间的尊重，多数人会说母亲需要儿子的尊重。我完全同意这一点，男孩需要懂得尊重他人。事实上，就孩子需要尊重父母这个话题，我专门写过一本书，名字叫《家庭中的爱与尊重》。当你从"父母双方是一个育儿整体"的观念更进一步，单独审视母子关系的独特和美丽时，就会更加明显地发现，单纯地要求儿子尊重父母只说出了一半问题。

在《家庭中的爱与尊重》这本书的"育儿中的粉与蓝"一章里，我简略地探讨了母子关系的意义。在该章中，我简明扼要地告诉母亲们，她们"蓝色"属性的儿子需要妈妈的尊重，正如其"粉色"属性的女儿需要爸爸的关爱一样。的确，男孩女孩都需要关爱与尊重。但我也指出，在面临压力和冲突时，男性和女性对这些需要的感受是不同的，这一点已得到科学研究的证实。男性更为看重尊重。

令人惊奇的是，妈妈们立刻就能领会这个道理。之后，以这一启示为主题，她们开始给我寄来数以百计的资料。她们满怀欣喜地将"尊重法则"运用到与儿子的谈话中，不论他们是 4 岁，还是 40 岁。从妈妈们的来信判断，她们的收获令人喜出望外。在本书中，你将读到很多这些妈妈们的来信。

作为全书的开篇，我愿在前言中分享一份这样的信件。这位母亲在读完"育儿中的粉与蓝"这一章之后，便将它应用于同孩子的日常交流中。下面这封信就是"尊重效应"的具体体现：

> 我终于认识到——尽管我没有充分的心理准备去相信——我那 7 岁的儿子是一个悲哀抑郁的小孩。我也意识到我最好去接受这一事实，而不是去指望他能快乐一些。
>
> 当我按你提示的方式去践行"尊重法则"之后，他发生了改变。举例来说，有天晚上，他走到我身边，神态异乎寻常地快乐从容。以一种愉快到极点，近乎夸张的声调对我说："妈妈，我好开心！"这对我来说太重要了！我的孩子，从他出生之后一贯的行为来判断，别人无疑会给他贴上"忧郁""情绪化"的标签。过去，他时不时地对

我说他"觉得很难过，但又不知道为什么"——这令我心碎。我会试着同他一块谈论或做一些事情，并会定期与他一起祈祷。只有碰到某些令人激动的事，比如说去动物园或同我一起去拜访朋友时，他才显得真正开心。但在回家的路上，他往往又会说他感到无聊（我想他只是在试着表达自己的不快乐）。

当我开始实践"尊重法则"时，他变得更平和了。不再那么沮丧和内心焦灼（我的尊重似乎缓解了他内心的紧张）。他也更为关爱别人……他经常会走到我身边，不是为了故意引起我的注意，而是为了给我一个拥抱。他会看着我的眼睛，带着最甜蜜最幸福的微笑，对我说："你是世界上最好的妈妈！"天哪！这么美好的事，以前可从未在我们之间出现过！我对他的尊重激发了他对我的爱意……我正在见证美丽而充满意义的结果。

最近，他又走到我的身边并对我说："不知道为什么，我觉得好开心！"我想："我知道为什么，我的小宝贝。因为我已经学会表达对你的尊重。以前你意识不到你渴求这种尊重，而我甚至都不知道你需要它。"与以前相比，他平和得多，也愉快得多了。他变得更为积极，几乎没再跟我顶过嘴，他对我的爱意也越加浓厚。一整天里他常跑近我，给我拥抱和亲吻。我开始享受更为积极的育儿方法所带来的回报。现在我们已不再为谁占上风而争斗，而是宛如一对朋友那么友善。

我渴望学到更多向他表达尊重的实用方法。我正在探索未知的领域……我向前迈出一步，并按照你书上教的去做，尽管我"粉色属性"的大脑完全不懂它们的含义……学习在教育子女时如何展现尊重要艰难得多，因为我依然想让我那固执的，A 型人格的儿子明白，他并不是小皇帝。

我也一直在努力尝试每天停下手头的事，抽出时间关注他，认真聆听他的话，当他有话要对我说的时候专心倾听，而不是同时又去忙别的事。

这像一个小小的奇迹——我与儿子间的亲密联系与浓浓爱意曾让我如此期待，如今终于实现了。他终于体会到了被尊重的感觉（我多么希望我早点懂得如何去做！），幸福在他身上呈现。我无法去哀悼我们度过的艰难岁月，我必须忘掉过去的事，继续前行。因为上天在未来安排了更多好时光——为我和我的儿子，为我们盛放的和谐的母子关系。

前几天当我们去拜访我母亲时，她说我儿子比以前平和了很多。我母亲将我和我儿子所享有的惊人转变告诉了我的妹妹，因为她有 5 个儿子！

这则证言是否好得令人难以置信？当你阅读这本书的时候，自会做出判断。我可以告诉你的是：别的妈妈也同样热情洋溢。在继续了解下列内容的过程中，你会不断地听到她们的声音。

★   为什么是这本书？

★   理解男孩眼中的尊重

★   给妈妈们的 G.U.I.D.E.S. 法则

★   发现男孩心中的男子汉：了解他的六大愿望（C.H.A.I.R.S.）

★★ 征服（Conquest）：尊重男孩工作和获取成就的愿望

★★ 等级（Hierarchy）：尊重他供养、保护甚至牺牲的愿望

★★ 权威（Authority）：尊重他变得更强，拥有领导力和决断力的愿望

★★ 智慧（Insight）：尊重他分析问题，解决问题和提供建议的愿望

★★ 情谊（Relationship）：尊重他获得肩并肩的友谊的愿望

★★ 性（Sexuality）：尊重他懂性知性的愿望

★ 对妈妈们拒绝尊重男孩的情感分析

★ 原谅的意义

多年来，我的妻子萨拉一直说："如果在儿子们还小的时候，我就懂得尊重的意义，我会是一个更好的母亲。"

这并不是说萨拉的爱很浅薄。母爱是至关重要的。**事实上，母爱是利他精神的极致。**

有的妈妈会说："爱默森先生，我得问问：爱和尊重是一个意思吗？仅仅用'爱'这个词也可以的，对吧？"不，并非如此。这两个词的意义不一样。一个丈夫不会在给妻子的卡片上写"宝贝，我真的很尊重你！"尊重和爱并不是同义词。一个爱孩子的妈妈却可能会不尊重自己的孩子，正如一个人可能会为一个她尊重却并不喜欢的老板工作一样。只要想一下你就会懂得这两个词是不一样的。我可以告诉你：一个男孩知道妈妈爱他，却可能无法确定她是否尊重他。正如上文中那位 7 岁男孩的母亲所感受到的一样，"尊重效应"让数以百计的母亲深感惊喜，这是我和萨拉亲自见证过的。以下就是我从最近几个月的来信中摘录的一些话：

★　　改变太大了。

★　　我深感震撼。

★　　真是不可思议。

★　　简直让我惊叹。

★　　他以前从未主动说过：“我爱你。”

★　　生命为之改观。

★　　触动他们的心灵。

★　　我和儿子的关系迅速改善。

★　　我儿子脸上绽放出前所未有的微笑。

★　　我浅浅地体验到了既震撼又狂喜的感觉。

★　　从他的声音和电邮中，我能感觉得到他更有男子汉气概了。

★　　真事儿！当我去倒垃圾的时候，他接过我手中的垃圾桶，对我说道：“妈妈，让我替你去倒吧。”回来后，他又主动把玩具捡起来放到自己的房间去了。我幸福得几乎要晕过去了。

　　准备好了解更多信息了吗？萨拉想告诉你：“**对妈妈们来说，践行‘尊重法则’永远不会过早，也永远不会过迟。因为你的男孩永远不会太小，也永远不会太老。**”

第 1 章

为什么要选择这本书？

女人在乎爱，女孩天生具有女性特质。因此，女孩在乎爱。

男人在乎尊重，男孩天生具有男性特质。因此，男孩在乎尊重。

每个妈妈都会点头赞同第一个观点，但第二个观点却让有些妈妈感到有点难以理解。

妈妈们对自己的宝贝儿子竟如此缺乏了解，这一点常让我困惑不已。她们爱自己的儿子胜过爱自己的生命，但她们的爱却如此的表面。

一位妈妈写道：

最近我与 4 岁的儿子相处得很辛苦。现在我才明白，为什么所有的妈妈都想要一个女儿……因为我们懂她！当我们一岁半的女儿为某件事发脾气时，我知道这是怎么回事，因为我能理解她发火的原因。但儿子的行为却常让我困惑："他干吗那么做呢？"每次都这样！

每个母亲都能认出女儿身上的女性特质以及她对爱的需要。女性的需要，女性的特质对所有的女性而言都再清晰不过。例如，任何人都不会无视女性和小女孩所具备的抚育天性。我们经常能看到一个小女孩抱着她的布娃娃用塑料瓶喂它。她以这种充满柔情的方式来传达她的爱，这种情形对我们来说司空见惯。我们自己能观察到小女孩身上流露出的母性，不需要科学研究来教育我们。

XX 和 XY 染色体

但是，当我跟妈妈们交谈，告诉她们每个男孩心中都住着一个男子汉时，有些母亲居然惊讶地问我这个男子汉是谁。是的，她们明白自己的儿子"是百分百的男孩"。正如一位母亲对我说的那样："上一秒他可能还是'百分百的男孩'，但下一秒他就会变成我最最甜蜜的小宝贝。"但请注意这个对比消极的一面："百分百的男孩"对她来说并不甜蜜。一位妈妈拿他儿子打趣道："我们爱这些孩子，但如果他们的 XX 或 XY 染色体跟我们不一样的话，对我们而言，无异于探索异邦却没有地图。"

这本书将阐释男性心灵的特质，将帮助妈妈们倾听男孩们珍贵而温情的讯息：**"我只是个男孩，站在妈妈面前，希望得到她的尊重。"**

研究证据

说到科学研究方面的证据，科学家发现尊重对男性而言极为重要。如果男人被迫在"孤独无爱地活在世上"与"卑怯没有尊严"这两种感觉之间做出选择的话，74%的男人宁愿放弃爱以保持尊严，只有26%的男人称他们愿放弃尊严以换取被爱。

对于"卑怯而无尊严"的状态，男性的感受要敏锐得多，脆弱得多，反应也更为强烈。遗憾的是，一些人把这些感受归因为自恋情结。但妈妈们都知道，她们的儿子并非无可救药的自恋狂，她们的女儿也不是目空一切的小公主，但他们都渴望得到格外的关爱。一个明智的妈妈会因自己的善于质疑而令孩子受益，因为他的儿子是一个成长中的男人。

虽然我们都需要爱和尊重，但统计数据显示，在需要程度上存在着明显的性别差异。我问过7000个人同一个问题："当你跟伴侣起冲突的时候，你的感受是没有被爱，还是没有被尊重？"高达83%的男性觉得自己不被尊重，而72%的女性觉得自己没有被爱。**换句话说，在同一场冲突中，女性会将对方的行为理解为不够爱，而男性则会将对方的行为解释为缺乏尊重。**

男孩需要什么？

令郎的感受同样如此。但你明白他的感受吗？遇到冲突的时候，如果你不能站在他的角度去理解，你就体会不到他觉得自己是多么不受尊重。你觉得自己不会故意去伤他的自尊，因此你便可能无法体会到他的感受。你可能会说："他应该知道我爱他，我只是想让他变得更有爱一点而已。他不应该老觉得自尊心受到了伤害。"照这么说，当爸爸的也完全可以告诉女儿说她不该觉得自己没人疼爱。

正如露安·布哲婷在《女性思维》一书中所说："男女分别对不同的

压力类型敏感……对青春期的少女来说，人际冲突就是一种让她们几乎难以承受的压力。她需要被喜爱，需要被群体接纳，而一个少年则需要被尊重。"看到了吗？——一个少年需要被尊重。

当母亲和孩子陷入冲突时——这对双方都会造成很大的压力——作为儿子，他感受更深的是不被尊重。他对尊重的渴求胜过对爱的渴求。但多少当母亲的能觉察到这一点呢？就算她们能觉察到，又有几个母亲知道该怎么说，怎么做呢？谁曾教一个母亲问自己："我将要出口的话，是会让孩子感到受尊重呢，还是会伤他的自尊？"

男孩是以尊重为标准来衡量母子关系中的压力的。每个妈妈都需要意识并接受这一点。这并不是他的错，只是性别差异而已。女孩更渴望被喜爱，这同样不是什么错误。因此，当爸爸的绝对不能对自己的女儿说："别老担心你在学校不讨人喜欢了。"幸运的是，一旦妈妈理解了孩子对尊重的需要，她便能明智地运用这一知识。她只需要对孩子说："我会因为你做错事而责备你，但这并不是说我不尊重你。"请用"不尊重"这个词来减轻他承受的压力。

疯狂怪圈

如果妈妈们不使用这种尊重话语术（Respect-Talk）与孩子对话，她与孩子的关系就会陷入我所说的"疯狂怪圈"里：由于得不到尊重，孩子也不会以爱来回应母亲。由于得不到孩子的爱，母亲便不会对孩子报以尊重，如此循环。你能理解两者的关联吗？不论导致紧张关系的首要原因是什么，现在都是次要的了。在男孩看来，问题的根源在于他感受不到尊重;而在妈妈看来,问题的根源在于她感受不到足够的爱,至于"做母亲却不被尊重"的感觉,就更不用说了。于是怪圈转得更快,更不可理喻。男孩不会觉得自己对母亲爱得不够,因为他只觉得自己不被尊重;妈妈也意识不到自己对孩子缺乏尊重,因为她觉得自己的孩子既不爱她,也不尊重她。

每个妈妈都可以用尊重话语术来中止这种疯狂的循环。这种话语术并不局限于语言。起初可能会让你觉得有点怪,但学会使用"尊重"一词是做合格妈妈的开始。要中止不可理喻的紧张局面,你只需要澄清自己要表达的意思,正如我上面提到的那样。你可以对孩子说:

> 孩子,我并没有把这件事当成个机会来告诉你我不尊重你。我并不想故意让你丢人。我只是就事论事,明白吗?我们都先来冷静五分钟,然后再以相互尊重的方式谈一谈这件事。

这正是男孩子需要的交流方式。他听得句句入耳,随后就会冷静下来。

这对一个妈妈来说很难做到吗?显然不是。妈妈们喜欢使用语言,喜欢交流。研究也发现女性善于表达和回应。还有什么比掌握一些能鼓动,激励和影响孩子心灵的尊重性词汇更好的开始方式吗?这种亲子关系向来只存在于妈妈的想象中,她从未真正感受过——至少对很多妈妈来说,孩子4岁之后就再没有感受过。

正如在序言部分中那位母亲所说的那样:"这像一个小小的奇迹——我与儿子间的亲密联系与浓浓爱意曾让我如此期待,如今终于实现了。"

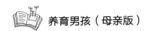

尊重效应

尊重能唤起孩子心中的爱意与温情。一位妈妈告诉我：

> 我开始有点理解我老公与儿子之间的关系了。我们有 3 个男孩，一个 13 岁，一个 10 岁，一个 5 岁，还有一个 2 岁大的女孩。对我丈夫与儿子们的交流方式，我一直持批评态度。但你的"爱与尊重"系列让我明白了男性之间的语言。我的儿子们会花上几个小时与我老公讲他们的兴趣，包括武器，军事频道，"一战""二战"，女孩等。对了，我得告诉你，我老公是一个警察。所以他们的谈话确实还是有点意思的。我渐渐开始理解他们为什么用这种方式交流，也开始理解他们之间的尊重是如何形成的了。
>
> 我的儿子们与我老公的话题都与荣誉，尊重，智慧，战术以及在日常生活中如何运用这些东西有关。我必须说让我感兴趣的不仅是他们谈话的内容，还有我老公跟儿子说话时的语气。如果他对我或我女儿说话也用这种语气，没准儿我们会哭起来的。但他的语气却让我的儿子们颇为兴奋。他们喜欢跟我老公做伴，总想着跟他聊天。

这就是关键所在：孩子们愿意跟老爸黏在一块。

亲密关系

尊重话语术能创造出每个母亲都渴望的亲子关系。做母亲的不能因为自己不喜欢，就对传达尊重的信息妄下结论，这一点非常重要。正如那位母亲所说，她一开始认为她丈夫的沟通方式是错误的，但就她家的情况而言，事实上她丈夫的方式并没有错。

事实上，上面提到的那位父亲与孩子们的对话在某些方面正是尊重话语术的最佳体现。我相信他们的话题中包含了荣誉，尊严，审慎，忠诚，勇气，明智，奉献和牺牲等诸多美德。我敢说这些男孩长大后一定会成为令男人服膺，令女人仰慕的男子汉。

我想请妈妈们停下来想想："为什么男孩们会听足球教练的话？为什么男孩们会加入海军陆战队并服从教官的命令？"很多妈妈说："我不知道。"这些男性领导者对男孩们来说是一种对自己的证明。他们传达给男孩的信息是："我相信你。我相信你会成为令我钦佩的人。但你能看到自己的能力吗？你有毅力成为我期待的那种人吗？"

尊重话语术也有助于母亲去促进父子间的融洽。有位妈妈来信说：

在帮助我的丈夫与儿子增进联系，鼓励他们培育更健康，更有尊重性的父子关系上，你书里的内容特别有用。当我将丈夫的愿望告诉儿子，并鼓励他按父亲期望的那样去表现时，我就是按你书上所教的那样做的。

举例来说，我丈夫不喜欢孩子们爬到家具上去。当我的儿子这么干的时候，我会轻声地提醒他："你爸爸辛苦工作才为我们家买来这些东西，他想让我好好保护它们。我们要尊重他。"这句话对我的儿子十分有效。我想，比起"你爸让你从沙发上滚下来"之类的话，这种方式更容易被孩子理解。

我也会对我儿子说："你爸觉得你应该怎么怎么做。他一心只想着为你好，所以我们需要尊重他的意愿。"对于他需要尊重爸爸这件事，儿子似乎很理解（甚至比我更懂！）；他也会乖乖听话，而且是出于完全的尊重。

母亲们的顿悟时刻

一位女士给我来信说：

我来自一个全是女孩的家庭。你所讲的关于尊重丈夫的话题，对我来说前所未闻。它让我思考这个观念是否也适合用在育儿方面。我有两个儿子，一个 9 岁，一个 11 岁。

这些妈妈们本能地感到，如果尊重能打动他们的丈夫，那么尊重同样也会打动他们的儿子，因为他们同样拥有男性的灵魂。在尝试过之后，她们纷纷写信将令人难以置信的结果告诉我说：

你说的那个尊重什么术对我的孩子真的有效，这太让我喜出望外了。

于是这些妈妈开始向我寻求更多帮助，希望根据自己的具体情况将"尊重法则"运用到亲子关系中。

我的儿子才 4 岁。对年纪这么小的他，我该做些什么呢?

当我们的孩子对我缺乏尊重的时候, 我该怎么去尊重他呢?

这么多年来, 对已成年的儿子我一直都不够尊重。现在改变还来得及吗?

我将表达尊重的不同方式反馈给这些母亲, 结果证明, 这对她们来说是颠覆性的, 这为妈妈们处理自己的亲子关系打开了一个新天地。一个故事接一个故事, 她们在回信中向我讲述"尊重效应"带给她们的震撼和与敬畏——无论多大年龄, 无论她们之前犯过什么错误。

魔法粉尘?

尽管说了这么多, 但我并不想做夸大其词的许诺。"尊重"并不是万能药。你的孩子不是机器人, 你也不是。尊重是艺术, 而不是科学。尊重也不是一种一两天就能见效的理论。你的孩子并不是一只供你验证这种方法的小白鼠, 你不能因为他没能在一夜之间变得无可挑剔地敏锐, 善感, 理性, 优秀, 就终止你的"实验"。尊重是一种意在满足孩子的需求的不懈努力。

没有什么魔法粉尘可以让你只需要将其洒在孩子的头上, 就能让他按妈妈的心意乖乖听话的, 也没有什么能塑造出完美小孩的奇门秘技。正如没有什么将一个普通女士变为完美妈妈的"三步训练法"一样。

但我同样也不愿刻意低估尊重话语术的力量, 就如同我不愿低估一位父亲对女儿的爱意一样。如果妈妈们能按这本书中所教的去做, 哪怕她与儿子的关系曾经很糟糕, 孩子的反应也会变得不再那么消极。我保证, 尽管事情可能不如她期待的那么完美，但一定会得到改善。

"尊重效应"曾让很多人惊喜不已。发生在孩子身上的改变让许多妈妈都喜出望外，她们又能怀着愉快的心情，重新穿上高跟鞋了。

假如所有这一切都依赖于尊重，那么，尊重究竟是什么？如何用简明易懂的语言来定义它？这是我们下一章要谈论的话题。

第 2 章

理解男孩心目中的尊重

何为尊重

一位妈妈表达了自己的困惑:

> 我住在一个雄性激素弥漫的房子里——甚至我们家的狗都是公的。我与我那 12 岁的儿子时时会起冲突,这让我很抓狂。我的另外两个儿子一个 15 岁,一个 13 岁……我该怎么才能得知他们的一举一动?……我想搞清楚尊重的意义,但却感到有点糊涂。我想理出一点头绪,却不知道该怎么去做。我甚至在字典中查找过"尊重"一词的确切含义,我希望自己能懂。

母亲愿意把最好的东西给予自己无比珍贵的儿子。但对于"尊重"一词的定义,她们却苦寻而不得。上面那位母亲的话颇能引起她们的共鸣:"究竟怎么样才叫尊重?"

这里有一个简单的定义：妈妈的尊重就是对儿子的正面评价，无论他做了什么。

但是爱默生先生，你怎么能这么说呢？每个人都知道，尊重是自己努力赢来的。我的儿子也需要赢得我的尊重。事实上，他需要尊重我！另外，如果他不听我的话，我批评他还来不及呢，还怎么给他正面评价？

对类似的话，我非常理解。但请听我说，我要表达给你的是，你的儿子不会回应你的否定与不尊重——至少从长期来看不会。他只会抵制或反抗你对他的轻蔑——他所感知的轻蔑。

令人难过的是，有些妈妈断言说："既然尊严必须靠自己赢得，而我的儿子并没有为自己赢得尊严，那么当他不听话的时候，我就有权表达我的不尊重。"但没有人会对一个他认为看不起自己的人怀有爱和温情——谁愿意理会一个粗鲁无理的人呢？

妈妈的表情

"但是爱默生，我从没对我的儿子说过伤他自尊的话呀。"非常好。但当他惹你不高兴时，你会给他什么脸色看？他会不会把你的脸色当成对他的责骂和厌恶？你的脸色是否给他这样的感觉？尽管你永远不会故意去表达对孩子心灵的不尊重，但你会不会无意中这么做呢？

我承认此处我有点以偏概全。但当一个女人不高兴时，她的样子可能也会透露出对男人的不尊重。她的目光会黯淡，她的面容变得酸苦，她不信任地转动着眼睛。出于烦躁，她将双手放在臀部，直直地盯着眼前的"罪犯"。当她开口时，她声音尖锐。随着雌激素的飙升，轻蔑的话语从她唇边脱口而出，快得连她自己都吃惊。哪怕是一个醉醺醺的水手，听到这些话也会立刻清醒。她的最佳武器就是充满鄙视的言辞。

虽然这在很大程度上源于受伤，沮丧和疲惫，因为她总是在付出，付出，付出，但她并不能因此而原谅自己蔑视的神色，正如当爸爸的人不能原谅自己以满脸怒火与敌意去面对女儿一样。**无论如何，一个妈妈对孩子的心灵都应维持正面的态度。**

常识告诉我们，一幅充满轻视的面孔永远无法鼓舞、激励或影响孩子的心灵。

无条件的积极评价

无条件的积极评价的能力无法轻松获得。面对不争气的儿子，哪个妈妈能油然而生尊敬之情？哪个妈妈能漠视自己的心灵，却乐于嘉许儿子的心灵？这与畏难取巧无关，与力求公平也无关，而关乎做正确的事。小孩子尚不成熟，有时令人厌烦。但要想前进，无条件地尊重他们是唯一的方式。

有些妈妈会选择取巧的方式，在仅靠取巧就能达成目标时更是如此。很多妈妈最先体会到的不是尊重的力量，而是不尊重的力量。这也是不尊重如此危险，误导性如此之强的原因。因为它很灵验！当一个男孩感觉到妈妈的轻蔑后，他会听她的话，于是她便会盲从于"不尊重效应"。但从长期来看，这么做的效果就跟一个当父亲的试图靠粗暴与怒火去激励女儿一样。虽然短期内会有效，但长此以往，他将失去女儿的心灵。同样的事也会发生在儿子身上。敌意与蔑视终将使你失去孩子的心灵。

关于信任

这是否等于说你应该无条件地信任你的孩子呢？如果他撒谎、偷窃或行骗，辜负了你的信任，你当然不能无条件地相信他。**信任并非盲信，盲信等于纵容**。如果孩子做了这些错事，他必须承受后果，并重新赢回信任。但在实施惩戒的同时，妈妈同样可以表达对孩子心灵的尊重。

母亲必须面对儿子有失尊严的过失，她应该有这样的勇气。她并非在与儿子比谁更受欢迎。在告诉儿子因为他背着妈妈做了错事，所以才会被罚洗一周碗的时候，她应该表达对儿子心灵的尊重。她可以说：

> 我是尊重你的，儿子，你是我的儿子。但既然你辜负了别人的信任，你就必须重建它。我也希望未来你能决心保持正直，正直的男子汉才会受人尊重。

她不应被儿子的行为或儿子对她的看法而受到影响。她不能因他的坏行为，就把自己变成一个心存蔑视，不顾体面的女人。她有责任去回应儿子的行为。但她既不能被儿子的坏行为所支配，也不能因此而消极沉默，她应该勇于面对并纠正他的行为。

愤怒

如何应对愤怒？

当妈妈的可以含怒不发地对孩子说：

> 我爱你，尊重你，但你所做的事不招人喜爱，也不值得尊重。你让我生气，非常生气。但我只想利用这个机会教教你。我这么说不是为了羞辱你，而是要考验你。你做的事造成了很多不好的后果，但你应该让这种经历帮你成为一个可尊重的男子汉。

让他知道，即使你生气的时候，你也不会故意去伤他自尊。然后继续告诉他你尊重他，相信他。这就是生气时运用尊重话语术的艺术。生气与展现积极评价并不矛盾，当你发怒时，你仍然可以积极评价他。

妈妈们切勿因自己的生气让孩子感到自尊受伤，否则就是逾越了生气的底线。一位母亲曾写道：

> 从与儿子的相处中我发现，生气与控制只会激怒他们。更重要的，他们会觉得自尊受伤。尽管他们还非常年幼，但我也看得出来他们需要我的尊重。当我耐心地鼓励他们，接受他们的错误，温和地纠正及塑造他们的个性的时候，我的家就会宁静温馨得多……我尽力不让我的尖牙利齿摧毁我的屋子。

尊重会带给孩子什么样的体验？

1. 研究证实，男孩们会透过尊重之网去打量世界。

我并不是断言说女孩子不需要尊重，或我们用不着尊重女孩子。我只是想指出男女之间的思维差异。我们从未听过这样的电影台词："我只是个女孩……站在一个男孩的面前……乞求他的尊重。"不止如此，找遍整个贺卡产业，都不会有哪张供丈夫送给妻子的卡片上印着："宝贝，我真的尊重你。"女性自有其特质，她们说一种与男人不同的语言——爱的语言——并渴望听到这种语言。同样的，男人也说一种与女人不同的语言——尊重的语言——并渴望听到这种语言。

尊重是你的儿子所使用的语言，我呼吁妈妈们成为这种语言的专家。因为这样你的儿子会受到祝福和鼓舞，你也能由此教他如何做一个值得尊重的人。多么奇怪，那么多母亲都对我说"我根本不知道尊重究竟是什么"，但她们却期望自己的儿子尊重她们，尊重别人。

如果一位母亲对尊重的话语术一无所知的话，又怎么能要求儿子尊重她呢？

我想原因可能是这样，对母亲来说，对他人的尊重可以概括为两个字：友善。"对别人友善一点，我就很友善。"某些妈妈对尊重的掌握仅到这个程度，她们道德诉求的基础也仅此而已。我并不是在贬低母亲们对尊重的敏感度，我只是想强调她们认知的局限。

而她们对爱的语言已经掌握得出神入化。这体现在她与别人眼神接触时，倾听别人时，表示同情时，表示关切时，承受负担时，说"抱歉"时，写留言时，送贺卡时，买花时，赠礼物时，诉衷情时，整天挂念着某个人时……这份清单可以一直列下去。因此，她在理解我所说的"一位母亲必须学习尊重的语言"时颇感吃力，这毕竟不是她的"母语"。

她不会透过尊重之网去理解人类的互动行为，无论在婚姻生活中，还是在家庭生活中都是如此。在友善的概念之外再去接受另一个蕴含着丰富信息的开阔观念，让她感到很不习惯。

但她对儿子的爱一定会驱使她去验证这一观念是否真实。因此我相信帮她找到真相，让她学会熟练地使用尊重话语术很重要。一旦她能熟练地使用这一方法，她便能正确地指引她的孩子成长。

当然，是否要沿着这条路前进并把尊重当成自己的第二语言，由她自己决定。她是决定把儿子培养成一个充满爱意，以爱为语言的人；还是决定接受儿子的另一面，他心灵至深处的那一面——男孩子想成为一个有荣誉且能荣耀别人的人，他是以尊重为语言的。

现在你我都知道，孩子是跟妈妈学说话的。但我们很多人都不曾想过，男孩子灵魂深处埋藏着 XY 染色体，与生俱来。母亲有意识、有目的地输入的信息对它无丝毫影响。染色体存在于细胞核之中，是一组有序排列的DNA。每当我看到那 23 对人类染色体（其中有一对是性别染色体）的精密、复杂、一致、整齐、秩序、韵律、可预测性和其中蕴含的丰富信息时，我都深深地佩服人类生命的宏伟设计。尽管母亲的语言以真实语言为范例，但妈妈应更多地导出儿子自身的语言信息，而不仅是向他输入语言信息。他的 DNA 已经赋予了他语言能力，这意味着既要让他感受真实的语言，又要发现他内在的语言。

男孩与女孩是平等的，但他们并不相同，他们的基因不同。神经心理学家露安·布哲婷在她的《女性思维》一书中写道："以人类基因组包含的多达 30 万个基因来看，基因在性别上的差异可以说极为微小。但这一微小的比例影响着我们体内的每个细胞——从感受快乐与疼痛的神经细胞，到传导认知、想法、感觉和情绪的神经元。"

"尊重—认知""尊重—想法""尊重—感觉""尊重—品德""尊重—决断""尊重—交流"以及"尊重—心灵"，这些都是你的儿子固有的认知关联。涉及尊重与不尊重，你觉得没问题的地方，你的儿子却可能会有不同的想法和感触。对于尊重的意义，他有自己的道德判断，而这会导致他以你无法想象的方式去回应羞辱。他会以坚定的意志去维护自己的尊严，避免尊严受损，为此而采取的方式往往超出你能理解的行事范围之外。

你有没有这样的时刻：尽管你丝毫没有伤他自尊的意思，你的儿子却会感到你伤他自尊？他会误解你，正如你也会误解他一样。时不时地，你会有不被爱的感觉，过后你又会发现，让你觉得受伤和被冒犯的事其实并不是你想的那样。尽管你儿子对你的理解不够准确，但以怀疑的态度去助益他才是上策。你可以对他说："儿子，我明白你为何会觉得我不尊重你，我替你难过，但我并非故意要伤你自尊，懂吗？我向你道歉。我不是故意要伤你自尊。"

如果一个妈妈这样答复他的儿子："成熟一点行吗！你真是又可笑又自大。谁也没想着伤你自尊！"会有什么后果？这会刺激到他。因为她不明智地选择了以他最熟悉的语言去咒骂他，这对他的心灵是沉重的打击。这无异于一个父亲对女儿怒吼"别哭得像个小孩子一样！你太情绪化了。把那个男生写给你的纸条弄丢有啥了不得的？让他再写一张不就行了？"结果女儿当然会哭着跑回自己的房间。男孩则会沮丧地在妈妈面前握紧拳头，绷紧嘴唇。过一会儿，女儿会从爸爸那里寻求爸爸仍然爱她的证据，但儿子却会依旧同母亲刻意保持距离。

2. 男孩对伤自尊的言行有更强烈的私人感受。

女孩也需要尊重，但一般来说，她们不会以尊重为准绳来感受母性间的冲突。当母亲抱怨或指责女儿时，女儿本能地知道妈妈依然想与她沟通，因为尽管她态度消极，但内心依然很关切。有的妈妈曾说："我就是有目的地刺激我的女儿，因为我知道她需要沟通。"女儿知道妈妈的意图，最终，她们会坐在床边，花上半个小时来倾谈心事。在感情的海洋里，女人如鱼得水。但同一个母亲去刺激儿子与她沟通时，他往往转过身去，他会退却并沉默不语。男孩更倾向以尊重为准绳来感受事物，这就是他选择沉默的原因。男孩会透过"蓝色镜片"去看待来自母亲的抱怨和指责，他的方式与透过"粉色镜片"看世界的女孩不同。母亲会因此而感到被排斥，被冷漠，被伤自尊。但她需要问问自己："他是不是以尊重为准绳来评判我的态度，就如女儿以爱为准绳来看待我一样？"一个 17 岁的男孩也许会对自己的密友说："我的妈妈虽然爱我，却不尊重我。"

男孩们不怎么哭，这让本就难以处理的母子关系越加棘手。妈妈们可能会将男孩的缺乏情绪反应误解为不屑，特别是他始终不说抱歉时。而在母女之间，尽管彼此也会恶语相向，但随后她们又会说"对不起""对不起"会为她们的冲突画上句点。"对不起"意味着直到下次冲突之前，一切都没问题了。

与女儿不同，她对儿子的刺激只会让他的心肠变硬，他会越来越少地说"我很抱歉"。因此，妈妈越是想用伤自尊的话去触动他，好让他与她沟通，他越会将心门关地更紧，要不就会火冒三丈。她本想取得进展，却发觉自己以女性立场制定的策略适得其反。

当他闭口不言的时候，一个可行的策略是对他说：

孩子，我这么对你，并不是想伤你自尊。我的目的是让你变得值得尊重，而不是羞辱你。我是有点气过头了。我关心你，也想让我们保持在同一个频道上。打击你并不是我的目的，那样做不光彩。我只是觉得，当你闭口不言的时候，就跟人家说的那样——你会感到"丢面儿"。我只想就事论事，而不是攻击你的人格。

他也许会继续沉默，但至少不会再误以为你不尊重他。想要鼓舞、激励和影响他，这个"伎俩"更为有效。

3. 男孩更不善于表达自己对自尊的需要。

许多妈妈都对该如何以尊重话语术与孩子沟通感到茫然无知。女孩们更善于表达和回应爱。她们更倾向于公开表达对爱的憧憬，这一点可以从女孩子画在卡片上的红心和 XOXO① 中看出来。爱是属于女性的话题，也是她们谈话的主要内容。

而对男孩们而言，他们不那么善于公开表达和回应尊重。但他们对尊重的渴求仍然无比真切，正如我们从前面的证言中所看到的那样，尊重会使男孩欢欣雀跃。尽管如此，与女孩们时常会表达她们对爱的渴望不同，

---

① XOXO，表示"hug and kiss"（拥抱和吻），一种代表撒娇亲昵的符号——编者注。

男孩们并不习惯经常表达他们对尊重的渴望。原因之一是，女孩们知道自己应该无条件地被爱，所以她们会问："你爱我吗？"但男孩们问"你尊重我吗"却冒着风险，因为他们听到的答复可能是否定的。

男孩的这种退缩倾向是否有科学依据？华盛顿大学在研究过 2000 对夫妇后发现，成功婚姻的两个基本要素是"爱与尊重"。但此处性别差异凸显：选择沉默和退缩的，85% 是男人。女人怎么也想不到要退缩，她把退缩视同不够爱或敌意行为。但在冲突中，女人做的却是另一回事。她们持续不断的批评会让男人相信：作为一个男人，他们让女人看不起。

我想尽力帮女人理解这一点：那就是，绝大多数男人或男孩并不是因为敌意而退缩，而是因为尊严。他选择以退出和遗忘的方式为冲突降级。他选择放下伤害和不快，继续前进。我也想让男人们明白，女人对他的指责并不是轻视，而是关爱的表现。她只是在乎这段关系，想把问题解决掉并和好。她只是想让关系保持新鲜，想验证一下他对她的爱，想证实一下他不会对她发脾气。

一个女孩有权问："你爱我吗？"她可以说："因为我感觉不到被爱，所以肯定是你不够爱我。"但男孩出于对自尊的渴求，也会多次表达自己需要被尊重的感觉，直到被妈妈狠狠地训斥一番。从那之后，他几乎再也不会透露自己内心最深处的需要了。请想想，假如你的儿子会经常说："你尊重我吗？你为什么不告诉我你喜欢我呢？你需要尊重我。"谁又会喜欢这样的儿子？他永远不会对自己的母亲说，也绝对不会对其他女人说："你不尊重我，我觉得我很不受尊重。"

男人之间，当一方说"你真丢我的人。滚一边去。对我客气点"时，对方能理解。而对这句话，女性的回应往往是："你是谁呀，居然这么跟

我说话？你根本不值得被尊重，你对我就不尊重，别拿我当受气包。"

因此，如果你曾经忽略过你儿子对尊重的需求，切勿下结论说他不再需要尊重了。

4. 妈妈更倾向于去爱，却会忽略尊重。

在男孩成长为男子汉的过程中，他们是透过尊重之网看世界的，而妈妈们则透过爱之网看世界。妈妈们喜欢爱，也希望自己的儿子喜欢爱。母亲们渴望把自己的儿子培育成一个有爱的能力的人，这样他们才能被爱。母亲倾向于执着地让儿子透过爱之网打量世界，相比之下她让儿子透过尊重之网看世界的愿望就弱得多。结果，妈妈会忽视他最本质的渴求，因为这种渴求对她而言无关紧要。对她而言，只有爱最重要。

一位女士写道："作为一个母亲，我倾向于去爱我那年少的儿子。但我相信事实上他对无条件之爱的需要正转变为对无条件之尊重的需要。因此，**培养男孩的诀窍就是在他长大的过程中灵活地调整重点。**"

在成为母亲的过程中，女人会将自己所爱的孩子当成是宇宙的中心。但身为母亲，找到别的重心才是育儿的精髓，她也不应为此后悔。当她回忆往事的时候，她对儿子的爱意尤其浓烈。一位母亲的温柔是无限的，但炽热的母爱不但会使母亲无法思考尊重的意义，也会让她无法反思在儿子眼中自己那些伤人自尊的行为。

一个妈妈在分享自己的理念时说："**你对成长期的儿子日益增加的独立意识给予的尊重越多，他对你的爱感受到的也就越多。**"另一位妈妈对我说：

　　写这封信是想告诉你，你让我在自己的亲子关系上看到了希望。我现在已是第四次怀孕了，怀的是我的第三个儿子。我感到有点失落，因为我本想再要一个女孩。因为我觉得我与女儿之间亲密牢固的联系，永远不可能在我与儿子间实现。这或许是真的，但我现在拥有希望，那就是，如果我能学着去尊重我的儿子们，我与他们的联系或许更为紧密，因为我将是他们生命中最重要的女人，教导他们发现真正的自己。谢谢你给予我希望。

　　我要指出的最后一点是，当一个妈妈感受到儿子的爱时，她需要把这视为运用尊重话语术的一个机会——而不仅是沉醉在儿子主动发起的尊重话语所带来的美妙感觉中。一位母亲写信向我描述了她与 8 岁的儿子的一次谈话。我们注意到，这是来自儿子而非母亲的尊重话语。听听她怎么说：

　　我病了整整一个星期。他问我为啥哭。我说："有人说我看起来很邋遢。"他说："那个人不好。你为什么不去做一下头发呢？如果你需要的话，我给你钱。"我哭得更厉害了。他问道："我说错话了吗？"我说："没有，宝贝，你的话很美。将来你有妻子了，当她累了病了，你也一定要把这话说给她听。"他说："好的，妈妈。我保证永远不对你说粗鲁的话，让你难受。"他才 8 岁！

　　这段对话有什么问题？同许多母亲一样，这位妈妈也会被孩子流露的温柔爱意所淹没。她永远不会忘记这次对话，并会向她的女性朋友们一再复述它。

但让我们透过那个男孩的眼睛来体会一下这场对话：他看到妈妈在哭，并问她为何哭泣。她告诉了他原因，他提出要帮助她。他这么做的时候，妈妈的情绪非常激动，哭得更厉害了。他首先想到了什么？他首先想到自己肯定做了什么错事。显然，他并不理解眼前的状况。于是她告诉他，他并未做错事，他做了件很美好的事（这本是最需要她使用尊重话语的时刻）。然而，一眨眼的工夫，她转而给他上了一堂小课，教育他当他未来的妻子累了病了的时候，他该如何对待她。男孩于是保证说他不会让妈妈感到难过。

我本能地感到，这个男孩比母亲所认为的更焦虑，所以他才会向妈妈保证说自己不会举止粗鲁。如果她能再补充一些表达尊重的话，结果会如何呢？那样一来，他的儿子是不是就会更安心？她或许可以说：

> 儿子，你的话让我非常感动。我真的以你为荣。你得明白，我哭是因为你让我觉得很幸福，尽管我在哭的时候显得并不幸福。很多女人不止难过时会哭，高兴的时候也会哭。我的头发乱糟糟的，这的确让我难过，但你的话却让我很高兴。你说给我钱让我重新做一下头发的时候，我也很高兴。这太棒了！你的好心和慷慨让我肃然起敬。你正在变成一个令人尊敬的堂堂男子汉。谢谢你。咱们来击下掌！

母亲们是善于表达的，话语从母亲的心底源源涌出。但如果她们不将这些字面词汇加以融合的话，她们就会将这些话记录下来，并相信已借助它们达成了深层次的交流。但她们如果运用尊重话语术的话，会给予儿子更良好的感觉。当与儿子的交流让妈妈感受到浓浓爱意的时候，她的温柔也可能会给儿子造成压力，因此她需要问问自己："我能为这次交流再添加一些表达尊重的话语吗？"

5. 率先垂范的妈妈将为自己和别人赢得尊重。

将"尊重—交流"用于改善亲子关系的"副作用"之一是什么？如果一位妈妈能带着尊重与儿子交流的话，就会对儿子起到示范作用，他也会带着尊重同别人说话。他能学会吗？让我们听听下面这位妈妈在尊重这一问题上是如何教导自己的儿子的。

当你读她的故事时候，请注意她的孩子是如何发自内心地认同尊重的，似乎尊重本就是嵌入他 DNA 中的语言。那位母亲写道：

我明白，对他而言，尊重是一种本质需要。当我们讨论他应该如何与别人交往时，我总会提到尊重。我们曾讨论过尊重的一些具体表现——如对自己的选择和选择的结果负责，用词谨慎，相信别人的决断能力，语调愉快，姿态友善，等等。我也同他探讨过即使你不同意别人，不喜欢别人，也要尊重别人的道理。我们谈论过对社会，朋友，姐妹，父母和祖父母的尊重有何异同。他懂得这种语言。我还对他说过别人应该如何尊重他，如果别人不尊重他时，他又该如何以有尊严的方式去回应别人。我们谈到了尊重别人的必要性，哪怕在你有愤怒或沮丧等情绪时，也得尊重别人。

与只是跟他讲对别人要"好点儿"，这种方式要有效得多。例如，如果我让他"好好地"传个话给妹妹，他往往会有点不耐烦，最多在传话给妹妹时，在我的要求前面加个"请"字而已。但当我让他带着尊重去说话时，尽管他可能说得很直接（甚至很坚决），但他的语气总是更为柔和，也更诚恳。同样地，当他对我抱怨或态度差时，如果我要求他跟我说话尊重点，他的语气立刻就会改变。当我把尊重这个词跟人际关系挂钩时，他立刻就能懂得。

当你觉得你的儿子对你不够尊重的时候，你可以启发他去表达尊重，你得是一个"道德楷模"。如果你以消极的方式应对，儿子不尊重你，你也不尊重他，那么当他不想表达尊重时，你教他学习尊重的努力就会被削弱。试想，如果你不愿意对你的儿子表示尊重，他有什么欲望去尊重你呢？

儿子应当尊重父母。而你尊重的话语则会让他知道该如何去做，你可以利用尊重话语术创造最佳的环境来鼓励他，他会模仿你。

你不用做得很完美。当你做错事情，犯了错误，你可以很真诚地寻求谅解。因为这对你儿子如何面对他自己的失礼行为会起到示范作用。一位妈妈写道：

> 说起我的孩子，一个13岁，一个10岁。他们这岁数也该懂点常识了。当我们第一次参加你的课程时，我得主动让他们为自己对老爸的无礼道歉。是的，教导他们学习尊重之路就是这样开始的。现在，当他们与我们交流时，会问我们是否他们做了什么冷漠无礼的事。他们彼此之间却常会说："老兄，你惹到我了！"

在本章的最后，我想提一下一位母亲所描述的，丈夫与儿子间时不时爆发的冲突：

　　我会时时做出示范，认真对待他的关切，并以尊重的心转述这些关切。我注意到，由于我这么做，他们后来也能就一些问题坦率地进行对话了……当他觉得事情不够公平，或需要就某个问题与父亲多一点和解，或是要澄清某个问题时，他该如何带着敬意与爸爸沟通？这些问题，我们也一直在讨论（这并不是说他老爸因此而改变了立场，但这样一来，沟通效果确实好了很多）。

　　在一次他们父子俩的谈话中，我教导儿子要怀着尊重之心去评论人们的艰难处境，他做得非常成功。作为开始，我不失时机地教导儿子说他应该向父亲道歉，因为在某些情况下，他应该对父亲表示尊重却没有那么做。我还对他说，他应该以尊重的态度继续与父亲探讨问题。

　　当你继续阅读这本书时，请将这个关于尊重的壮丽观念用于实践，你一定会与别的妈妈们谈起你的发现。当你这么做的时候，大多数妈妈首先会问："尊重自己的儿子？这是什么意思？"本章已经给出了这一最常见问题的答案。每个妈妈都面临这样的挑战，那就是认识到当她纠正孩子的错误时，她本能的行为方式会损害孩子的自尊——尽管是出于爱。

　　对儿子心灵的消极评价不会让他更积极——至少对母亲的态度上不会。因此，尊重应成为她对儿子的积极评价，无论他做过什么。妈妈应带着尊重之心去面对儿子有失尊重的行为。从长期来看，对儿子心灵的蔑视并不会激励他成为一个懂得尊重与爱的人，只会让他倍感沮丧。对做妈妈的来说，在要求儿子尊重自己的同时，也要教会他如何去尊重，这是关键所在。如果她能理解和做到这一点，她的儿子也能。

第 3 章

G.U.I.D.E.S.：尊重话语术应用指南

一个母亲在如何处理与儿子的关系上，只需要做以下 6 件事：

1. 奉献（Give）：以满足孩子基本的生理需要。

2. 理解（Understand）：如此才不会激怒或惹恼孩子。

3. 指引（Instruct）：好让孩子理解和运用天生的智慧。

4. 督责（Discipline）：从而令孩子知错能改。

5. 鼓励（Encourage）：让孩子积极拓展自己的才能。

6. 祈愿（Supplicate）：在心里祈愿，希望孩子可以感受到世间的美好。

我把这些事缩写为"G.U.I.D.E.S."[①]。说到教育儿子，母亲们应心怀尊重，以这些理念来教导他。

G.U.I.D.E.S. 所概括的方法可以是一个模板，它能让妈妈们以有智慧，

---

① 这个词在英文中有"指南""向导"的含义——编者注。

有成效的方式去实践尊重。这个检查清单总能引起我的兴致，因为借助它，妈妈们能快速而准确地根据自己儿子（或女儿）的年龄及生命阶段来评估自己的策略。它也将促使妈妈们抓住眼前的机会去发起"尊重—交流"，而在以往，她可能会无意识地忽略孩子情感脆弱的时刻。

1. 奉献对应生理需要

·你儿子的消极反应是否由生理需要所导致，例如饥饿？

2. 理解对应情绪问题

· 他情绪失控的原因是否在于他感到苦恼，心灰意冷且需要你的理解？

3. 指引对应心智

·他感到自己很笨，这是否由于你并没有指引他该如何行事？

4. 督责对应意志

· 他是否不听话，有意跟你对着干？这时需要你惩戒他以培养他的自律精神。

5. 鼓励对应交际能力

· 在足球队中，他是否受到朋友们的排斥并想退出？你是否需要鼓励他坚持下去，度过这个难关？

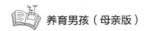

6. 祈愿对应灵性

· 当他在情感或人际关系上遇到困境的时候，他是否衷心期盼你为他祈愿？

按照 G.U.I.D.E.S. 法则去做，你一定能快速地找到困扰宝贝儿子的症结所在。

对尊重话语术的限制

有人会问：“爱默生先生，我会不会把 G.U.I.D.E.S. 法则用过头？我的意思是说，在某些情况下我是不是应该少用 G.U.I.D.E.S. 法则？”

是的。

某些时候，你的确应限制 G.U.I.D.E.S. 法则的使用。以下就是有限制地使用 G.U.I.D.E.S. 法则时，对尊重话语术的运用之道：

当你应该少点付出的时候，你可以说：

我需要为你付出，但我不能付出太多。你正在成为一个可尊重的男子汉，并不是你想要什么就能得到。如果我为你付出太多，我便只是在溺爱你，而不是尊重你。有尊严的男子汉应该学会如何推迟自己的欲望。我知道这听起来有点残酷，但你是个坚定的男子汉。

当你应该少点妇人之仁的时候，你可以说：

　　我需要理解你，同情你，但我的同情和理解不能过度。你正在成为一个可敬的男子汉，应该懂得控制自己的情绪，而不应指望着我永远顺着你的脾气。如果我为你感到过分难过，便不是尊重你，只是任由你自哀自怨。我无法鼓励你自我怜悯。你的愤怒和沮丧也许会过头，而我不能剥夺你重新站起来，成为一个真正坚强的男子汉的机会。

当你应该少点指引的时候，你可以说：

　　我需要给你指引，但不能太多。你正在成为一个有尊严的男子汉，你应该懂得自己去学习。如果我告诉你所有的答案，我就不是尊重你，而是由着你去欺骗。那些聪慧而受人尊敬的人会告诉你，在孤独地承受过痛苦的打击之后，他们才获得自己最宝贵的教训。我相信你有独自发现答案的勇气，哪怕现在你觉得这十分艰难。

当你应该少点督责的时候，你可以说：

　　我需要督责你，但不能管太多。你正在成为一个可尊重的男子汉，必须学会自律。如果总是由我管着你，就是对你的不尊重。我不会一天到晚时时刻刻都管着你，只会鼓励你成为一个可敬的，有自控能力的男子汉。这不是说我逮到你犯错之后会教训你，而是说无人看着你的时候，你也应该做正确的事。这是可敬的男子汉的自我抉择，这个

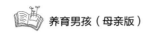

抉择不能在母亲的督责下做出。

当你应该少点鼓励的时候，你可以说：

　　我需要鼓励你，但不能鼓励得太多。你正在成为一个有尊严的男子汉，应该自己具备胆量和勇气。我不能永远当你的啦啦队长——虽然我很愿意当——否则的话就是在鼓励你自信勇敢方面过于尽责了。如果我始终为你加油鼓劲，反而是不尊重你。某些时候，你必须自己壮起胆量，你必须自己鼓起勇气，你必须独自面对。

当你应该少点祈愿的时候，你可以说：

　　我需要为你祈愿，但你也需要为自己祈愿。你正在成为一个有尊严的男子汉，必须学会为自己祈愿。

检查清单

　　当你在教育儿子时，你可以在脑中把 G.U.I.D.E.S. 法则当成一个检查清单。用上面列举的语言去激发儿子的精神，从而使他更清晰地理解你的动机，更好地维持与你的关系。

　　你需要习惯使用赋有荣誉及尊严的语言。你不妨把 G.U.I.D.E.S. 法则当作是一本"鸡肉料理的 6 种方法"之类的菜谱。你或许会说："哇，那不是每种菜谱里都会提到鸡肉吗？"没错，毕竟这是鸡肉菜谱嘛。这本书的核心内容是尊重话语术，因此在你为孩子提供的言语佳肴中，每道菜都应包含尊重的语言成分。当你把"尊重"这个词用得像"爱"一样自然时，你就能更加接近你所生养的那个男孩的内心世界。

第 4 章

发现男孩心中的男子汉

男孩与生俱来的六大愿望 C.H.A.I.R.S.

男孩梦想着成为什么样的男人？理解他这一梦想的最好方式就是了解他心中与生俱来的六大愿望。

与生俱来的这些愿望，为的是让男孩：

1. 工作和获取成就。

2. 供养、保护甚至牺牲。

3. 刚强，拥有领导力和决断力。

4. 分析问题，解决问题，提供建议。

5. 获得肩并肩的友谊。

6. 有正确的性观念和性知识。

这些愿望与他的男性特质息息相关。随着他年龄的增长，妈妈会看到男孩的这些愿望一一显现。当一位母亲试着去了解儿子时，她能看到这些倾向和追求从他男性的灵魂中向外伸展。这是男孩心中的男性特质。

在电影《发现梦幻岛》中，詹姆斯·马修·巴利说："永远不应该让男孩们去睡觉……因为醒来后他们就又老了一天。"这句话颇能触动很多妈妈的心弦，她们希望自己的小男孩们永远不要长大。她们希望自己珍贵的婴儿永远在欢乐的摇篮中安歇。

但每个妈妈都知道，她不能永远把男孩当成小娃娃，也不能永远不让男孩长大成人。有天当他醒来，他会成为一个男孩，而不再是一个小娃娃。另一天当他醒来，他会成为一个男子汉，而不再是一个男孩。尊重话语术与男孩与生俱来的六大愿望是相符的。

C.H.A.I.R.S.：一个缩略语

为了帮你记住这六大愿望，我创造了一个缩略语 C.H.A.I.R.S. 来描述每个愿望。

★　　征服（Conquest）

★　　等级（Hierarchy）

★　　权威（Authority）

★　　智慧（Insight）

★　　情谊（Relationship）

★　　性（Sexuality）

我将这些愿望缩略为 C.H.A.I.R.S.，因为传统观念里边希望男人成为家庭中的"主心骨"和"管理者"。有一天，你的孩子会将自己视为局面的主宰者。现在他暂时处于父母的羽翼之下，但他心中的幼狮已经开始展露出领导和决断的欲望。这并不是因为他自恋，也不是因为他想把别人当仆人使唤。正相反，他内在的男性特质会促使他变得更为有责任感。是的，他从小就会有领导欲，他的领导欲也许会表现得很幼稚，但极少出于恶意。

当 5 岁的儿子把自己打扮成超人，并庄严地对妈妈说："妈妈，我会保护你"时，当妈妈的心里也许只会轻笑。但如果妈妈能在他的可爱之外，仔细倾听他传达的信息，她会发现，他真的感到自己有责任成为一个强有力的领袖，凭智慧去守卫和拯救。尽管他现在还无法保护她，但他显然有保护她的愿望。为什么很多小男孩都梦想着成为一个救火员或警察？吸引他的并不是救火车的警报，而是勇敢地拯救危难之人的行为。令他着迷的并不是蓝色警灯，而是追捕伤害无辜的坏蛋的事业。他会把自己想象成令人敬仰的英雄。

C.H.A.I.R.S.：一个尊重话语术的模板

C.H.A.I.R.S. 可以作为一个标准检查清单，供你在教育孩子时使用。例如，你可以依照 C.H.A.I.R.S. 依次问自己以下问题：

征服：对他的某些追求，我能表达欣赏之情吗？

我是否会说："比利，这架乐高飞机真复杂，我看得出你建造它时十分认真。你聚精会神地建造它，直到全部建好为止，真是了不起。这让我很尊重你。"

等级：我能尊重他保护和供养的愿望吗？

我是否会说："乔西，你有保护妹妹的愿望，这让我很高兴。当一位哥哥懂得保护妹妹时，对当妈妈的来说，真是比什么都高兴。这让我很尊重你。"

权威：我会不会夸赞他的某个好主意？

我是否会说："杰克逊，我看到你不仅变得更强壮了，也有能力去说服别人做正确的事了。你成功地劝服比尔别再怪乔西，给乔西一个解释的机会。你做得太棒了！这让我很尊重你。"

智慧：当他说出一句很有见解的话时，我能表扬他吗？

我是否会说："大卫，昨天对于你与朋友之间的争执，你处理得太妙了。你想被别人怎样对待，就怎样去对待别人。看得出你对处理冲突很有自己的见解。这让我很尊重你。"

情谊：对他想获得友谊，想与朋友并肩而立的愿望，我能否表示尊重？

我是否会说："布莱德，你与朋友的友谊让我觉得很棒。如果你能帮

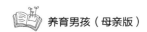

朋友，朋友也会帮你，朋友要彼此依靠。你知道如何做一个好朋友，这让我很尊重你。"

性：如果他对异性待之以礼，我能对他表示支持吗?

我是否会说："约翰尼，你对待女孩就像你爸爸对我一样得体。我要对你致以敬意，你的举止让我很尊重你。"

你或许会说："我才不那么说话呢。"我知道，多数妈妈都不习惯使用尊重的话语。这种语言对妈妈们来说显得不够亲切，甚至让她们感到陌生，这很正常。这并非她的"母语"。因此，她们必须克服自己的羞怯，采用本书提供的脚本。这一代母亲已经忘记了尊重的语言。我相信，在过去的两个世纪里，妈妈们在家中使用的尊重的话语比现在的母亲要多得多。以前，当儿子在妹妹玩耍的小屋附近杀死一头熊时，妈妈会夸赞他的勇气。当他把熊掏空内脏，处理干净，把皮毛送给母亲当礼物时，她会感谢她的辛苦工作，真诚地表达她对儿子的赞赏之情。

接下来，对 C.H.A.I.R.S. 的每个概念，我会进一步加以解释。

有些妈妈会"秒懂"

在我们举办的"爱与尊重"讲座上，萨拉和我详细地解释了 C.H.A.I.R.S. 所包含的每个概念当作妻子的理解了 C.H.A.I.R.S. 与其丈夫的关系后，她们立刻说 C.H.A.I.R.S. 同样也适用于处理与儿子的关系。一位母亲写道：

不论是成年还是少年，男人的行为常让我深感不解。他们的行为与你提及的原则显然有关。例如，我会想：我该如何运用 C.H.A.I.R.S. 原则表达我对我儿子们的尊重(一个 16 岁，一个 22 岁)?

这位妈妈理解得非常到位!

有些妈妈在了解到 C.H.A.I.R.S. 之后，便立刻把它用于教育儿子上。一位妈妈在给我的电子邮件中写道：

当我的儿子同我分享他的心得时，我会对他说："我尊重你所说的话"或"我尊重你对那件事的处理方式"或"真心地谢谢你完成的事，你非常……"这些话让我儿子展现出前所未有的笑容。我愿花更多的时间同他谈论体育活动中的尊重以及对对手的尊重。我的儿子当然明白我是爱他的……但现在他更知道我尊重他和他的想法。而在过去，我做得却不够好。谢谢你。

但也有一些母亲会忽略小男孩心中的男子汉。一位妈妈曾对我说：

我的儿子已经 18 岁了，即便如此，有时候我也很难把他当成是个男人。当在某些情况下，我对他表达我的尊重时，他对此会很用心地回应……毕竟，他是个男人，男人都是差不多的，这与年龄无关……我会努力记住他不再是我怀中的小男孩了，他需要的东西与别的男人一样多。

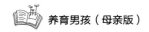

她的这些话会让你觉得很怪吗？她的孩子已经 18 岁了。她应该早在儿子 8 岁的时候就开始使用尊重的语言了。这个"小小男孩"已经到了可以加入海军陆战队为国捐躯的年龄。但无论如何，对一个妈妈来说，意识到儿子对尊重的敏感永远不晚。

且慢！女性不也同样拥有这六大愿望吗？

既然男女是平等的，那么女性不也拥有这六大愿望吗？

这是个常见的问题。事实上，无论何时，当我讨论男人的愿望时，总会有些女士问我："你为什么说这些敌视女性的话？你的意思是女人不需要尊重吗？你是说女孩们没有这六大愿望吗？"

我的第一反应是："我说你儿子出色，并不代表我讨厌你女儿。"有些女人会绑架话题，非要把这些愿望从男人这边拉开不可。她们并不是心存恶意，她们只是觉得自己应该为女性辩护，她们认为对男性的品格鼓掌就是对女性的攻击。她们已经习惯去反驳。在一定程度上这是好事，但我对这种现象很熟悉，知道长此以往会给男人和男孩带来阴影。她们每次都会把话题从儿子转到女儿那边。说不定有些女人看到这本书的标题就会说："为什么不是叫《养育女孩》呢？""别光说男孩"已经成为她们的第一反应。如果是这样，那么我们又该如何对待女孩呢？

让我澄清一下，女性同样拥有与 C.H.A.I.R.S. 相关的愿望。很多母亲都会说："我女儿很希望工作，获得成就，成为领导者。"的确，在人性上，男性与女性有很多共同之处，同样也拥有很多共同愿望。但当一旦成婚之后，男女在这些愿望上的热情和专注会不同的。上天赐给了丈夫和妻子不同的愿望。举例来说，女性在赚钱养家，保护和拯救自己的丈夫等方面的兴趣和意愿相对较弱。她们希望从丈夫那里获得这些东西。这也是我从那些已婚女性那里收到大量来信的原因——她们想好好带孩子，却因为丈夫失业，自己不得不补贴家用而郁郁寡欢。可我还从没哪个丈夫给我来信，抱怨说妻子丢了工作，他不得不赚钱养家呢。

　　一般来说，妻子更愿意当公主，而丈夫更愿意当王子，他们各自都愿意选择公主和王子所代表的不同意义。这并不是罪过，而是天生如此。作家丹娜·葛瑞诗曾写道："当我还是个小女孩的时候，我便会把自己打扮得像个公主，幻想着有天白马王子会出现。谁也没有教过我，出于天生的本能，我的心开始寻找生命的另一半。"上天赋予女孩的是公主思维。她渴望去爱那个最终发现她，且认为她很迷人的男人。

男人也可以抚育，女人也可以战斗

　　没有哪句名言警句曾暗示说男人不能抚育，女人不能战斗，但凭常识我们就能知道我们的本能和利益所在。做丈夫的从没想过要喂养婴孩，如果你按压他的臂膀，他就会鼓起自己的肌肉。他本能地把自己视作一位刚强的保护者，他会下意识地向按压他臂膀的女人展示自己的肌肉。但当你按压妻子的臂膀时，她不会秀自己的肌肉——并不是因为她不能，而是因为她不愿那么做，也没有理由那么做，她心理上没这个意识。

　　说到各自的愿望，男女的差异相当大。这与他们各自的能力毫无关系，但与他们的兴趣密切相关。这取决于兴趣而不是天赋。例如，一个鳏夫有能力，也必须养育孩子，但他肯定不如他的妻子那么执着。当做妻子的周末外出的时候，丈夫完全可以照管子女。妈妈做的一切事，他也能做到，但他肯定不如妈妈对孩子那么尽责。他为女儿梳的头也许更好看，但他根本不会在意这件事情；他可以在桌布上铺上垫子，把一瓶花放在正中心，但这根本引不起他的兴趣。而且，他要是饿了，他会对孩子们大喊说："过来吃饭！把一次性餐具拿来。咱们先祈个祷！"一个寡妇也可以系上工具带，踩着梯子爬到房顶上去搞修理，她这么做也许很有必要，但对这些事她不会有什么热情。通过这些例子，我们可以知道，男性与女性是不同的。

习惯让我们对差异视而不见。我们平时不会注意到这些性别差异，直到有一天我们看到一位寡妇自己穿着工作服，系着工具带爬上房顶。我们会停下来，震惊地盯着她看。我们会朝她大喊："奶奶，你在屋顶上干吗？"如果爬上屋顶修理漏水处的是一个鳏夫，我们也许会冲他喊："爷爷，待会儿还要看球赛吗？"我们无视性别差异，并不是因为它不存在，而是因为在基本的领域内，男女的分工根本不会交叉。我们不会感到有何异常，因此不会留意男女各自的分工，自然也不会注意到男女分工的差异。

在上面所举的鳏夫和寡妇的例子中，能力并不重要，重要的是男性和女性与生俱来的愿望。一个女人可以跟四个女人一起在狩猎季的头一天外出打猎。她们可以彼此紧挨着坐在一起，连续3天不说一句话。她们可以杀死四头雄鹿，并掏空其内脏。但她们谁真的愿意做这些事呢？在妻子外出打猎的时候，丈夫可以留在家中带孩子。他可以给女儿把所有衣服都试一遍，然后决定哪件最适合穿着上教堂。但哪个男人会真的愿意做这些事？如果他自己在家，他会随便抓起件衣服就给孩子穿上，没准儿还会把衣服穿反！

同样地，女孩都喜欢玩布娃娃，因为她们会把爱意投射到布娃娃身上。

而男孩则喜欢玩守卫城堡的游戏，喜欢保护无辜的人不受侵略者伤害。当然，男孩也可以照看布娃娃，玩过家家，但他并不想这么做。女孩也可以在院子里手握"宝剑"，保卫城堡，但她对这些没有兴趣。我们必须承认男女有不同的兴趣和热情。玩具产业就承认这一点。他们直面事实，所以赚得满盆满钵。

被科学研究证实的男女生物性差异

性别差异同样有人体内的化学成分决定。根据科学家的研究，在出生后的头 3 个月内，女孩进行目光接触及观察面目表情的能力会提高 400%，但男孩却没有这种变化。研究者发现，这与生理结构有关，与社会化程度无关。但男孩进行目光接触较少是否意味着他们就更冷漠呢？并非如此。这只说明了男孩与女孩的不同，并不能证明男孩品格更差。

关键的问题

被尊重是男性灵魂中至切的需要，不仅对丈夫，对你尚在幼年的儿子同样如此。**男孩心中住着男子汉**。这是说，与你的女儿相比，他的天性也许不够温和。这还意味着，当你觉得他不够温和时，你可能会凭借本能，以折损他自尊的方式去对待他。哪怕你对自己贬低他尊严的行为毫无察觉，你的儿子却会感受到你的冒犯。

女儿能理解妈妈的怒气，儿子却不能。

因为做女儿的发起怒来和她的妈妈是一样的。但作为一个男性，儿子面对不尊重时是十分脆弱的。如果母亲不尊重他，他很快就会退缩不言。他会变得沉默，麻木。但如果做母亲的能将自己的男孩看成是一个成长中的男子汉，她就会获得更多力量去影响儿子的心灵。这样一来，他才能变得柔和，敞开心扉与你交流。但几乎所有我认识的母亲都会为如何表达对儿子的尊重而纠结不已，面对丈夫，她们也有这样的问题。做妻子的不必为此过度焦虑。尽管如此，为人父母的都要努力去学习爱与尊重，因为他们的儿女需要得到他们的爱与尊重。

因此，我建议所有母亲在与儿子争执时，都能呈现自己更好的一面。也许你有最浓烈的爱，但如果你无法很好地呈现自己，他也会误解你。这就是我恳求妈妈们在亲子关系紧张的时刻要设法使儿子安心的原因。

你可以对儿子说：

> 听着，我很难过，也很生气。你做的事让我非常失望。但我还是想让你明白，我无意贬低你的尊严。我并不是在利用这个机会告诉你我毫不尊重你。我尊重你，因为我相信你也想让自己成为一个可尊重的人。我只是不尊重你的行为，这与我对你的信任，对你想成为男子汉的尊重是两回事。

这意味着你认可他心中的男子汉，他还会继续对你敞开心扉。

还想学到更多吗？

你是否还想学习更多表达尊重的方式？在接下来的几章里，我会深入探讨男孩的六大愿望（C.H.A.I.R.S.）——征服,等级,权威,智慧,情谊和性。在每一章中,我都会解释如何将尊重话语术与这些愿望结合起来。同样地,在每一章我都会讲授如何利用 G.U.I.D.E.S. 法则帮男孩实现这些愿望。

过去多年来,当母亲们写电子邮件给我的时候,她们常要求我提供更多的例子和说明。每位妈妈都会提及儿子的年龄,他的发育阶段和她与儿子昨天的争吵。她们想找出解决争吵的办法,从而与儿子保持情感上的联系。我在写作这本书时,也希望你能为自己所面临的问题找到具体答案。

此处有一个挑战,不要被本书所包含的丰富信息所吓倒,以至于认为自己是个对尊重一无所知的失败者。相反,你可以把它看作一本参考书,当你寻求更加有效的育儿之道,且感到困惑不解时,可以翻阅它,从中寻找答案。请把这本书当成是与儿子互动的模板,它将为你带来更为牢固的亲子关系。

第5章

征服：尊重他工作和获取成就的愿望

男孩的梦之领域

你儿子的灵魂内涌动着一种渴望——一种踏上冒险之旅，克服困难，完成光荣使命的渴望，这种渴望在他生命的早期便已初现端倪。回想一下，3岁的他是如何痴迷地盯着消防车一动不动，又是如何目瞪口呆地注视着警察和巡逻警车。就算在他幼年的游戏中，也是以打败敌人，爬树或在游戏中获胜等内容为主。当他成年之后，他的兴趣也许会变化，但在某一领域展开征服的欲望依然留在心中。抚育儿子的一大乐趣就是发现他与生俱来的天赋和热情。他会凭借这些天赋和热情来满足他对工作和成就的渴望。留心你的儿子随着年龄渐长而开始探索的领域，注意观察他的兴趣所在。

哪怕他兴趣广泛，目光不局限于特定领域，你也要注意倾听。他会问你："我该选择做什么呢？我会有所作为吗？"他也许会向你透露他的疑虑："我会变得足够刚强吗？我能获得成就与荣誉吗？我会成为什么人？"在这样的时刻，你可以庄重地对他说："是的，你会成为一个令人尊重的男子汉。

你有实现这一点所需的品质。"相反地，来自妈妈的打击则会削弱孩子在某一领域获取成功的信心。一位妈妈说："男人所问的问题与尊重如此密切，这让我十分惊讶。我的 3 个孩子会翻来覆去地问：'我有足够的资格获得成功吗？'如果我们对他们不予尊重的话，无异于一遍遍地对他们重复：'不，你没资格。'这对他们是沉重的打击。"

寻找一个他认真工作的时刻。也许是某件他不喜欢，但却需要完成的事。每个男孩心中都种下了一颗种子，这颗种子会促使他在某个领域去展开征服，获取成就。而尊重话语术会灌溉这颗种子，让它茁壮生长。随着时间的流逝，做妈妈的会看到儿子日益着迷于靠智力或体力去完成目标，获得成就。她尊重的话语与他的愿望相符，因而能振奋他的精神，激发他的斗志。

理解他失败后的自我怀疑

一位妈妈在给我的电子邮件中写道：

我有两个男孩，老大已经快 11 岁了。我知道作为长子，他承受着很大的压力。因为他要为 3 个更年幼的弟妹做出榜样。我总是告诉他我爱他，但从没想过要告诉他我尊重他。上周二，在我收拾他房间的时候，我发现了一张他写的纸条。上面写的是："本杰明＝失败。"他对自己要求太严了……我深受震动。我知道有些事必须得改改。这些事与我们做父母的有关，我们必须表达对他的尊重。

在他放学回家之前，我写了 12 张便签纸。我把它们贴在他的屋子里，藏在不同的地方，例如抽屉里和他的枕头之下。我在这些便签上写道："我爱你。""我尊重你。""我尊重你的想法。""我以你为荣。""你是我见过的最有创意的人。""你是个很棒的兄长。"……当他回到家，看到这些便签之后，他跑过来给了我一个拥抱！他的眼睛闪闪发光，十分兴奋。他立刻把这些便签收集起来，自己做了一块"表扬榜"把它们贴了上去。我之前曾给他写过信，告诉他我爱他，他对我是多么重要（他是个非常敏感的孩子，所有的信和纸条都保留着）。但他对我那些表达尊重的话语最为珍视。我发誓说我一定会尊重我的儿子，我希望他未来的伴侣怎样尊重他，我自己就会怎样尊重他。

另一位妈妈在信中写道：

> 我儿子在学习上的表现不是很好。当我回到家时，我丈夫告诉我，儿子都不敢把学习报告拿出来给他看，直到我丈夫承诺说不会生他的气。他们为这事已交流过。当我自己看过他的成绩之后（有的科目是A，有的则是F），我走进他的房间。他正在学习，我告诉他我的心里话：我能看到他学习非常用功，也知道这一年对他而言很不容易。我对他说，我真的很欣赏他的毅力和坚持，尽管很难，但他还是在努力。他脸上浮现出前所未有的灿烂笑容，轻轻地对我说："谢谢你，妈妈。"我觉得他有很长时间都没有跟我这么亲近过了。

当孩子遇到失败的时候，"尊重—交流"能调整孩子的自我形象，增强他的自我认同感和自信心。尽管听起来很怪，但在孩子处于低潮的时候，爱的语言效果很有限。如果妈妈觉得男孩的感受跟女孩一样，她就会把女孩想听的爱之语言说给同龄的男孩听。这当然会忽视男女的性别差异。

男孩为何会有工作和获取成就的愿望？

男人通过向别人介绍自己的职业来介绍自己："我是名律师／医生／教练／教师／银行家／建筑师／木匠／企业家／汽车销售员／牧师／科学家／管理者／行政主管／咖啡馆老板……"

当两个男人第一次见面时，他们最典型的问题是什么？当然是"你是做什么的？"我想以这个简单的例子让所有妈妈明白，你的儿子内心中也住着这么一个男人。在未来，你的儿子也会本能地问别的男人这个问题。这取决于他的 DNA。

说到这一点，一位妈妈曾写信给我说：

> 我的大儿子雅各布快 13 岁了……在我们从教堂回家的路上，他对我说："妈妈，告诉你件有意思的事。""宝贝，是什么？""当我们男生头一次见面时，我们总会问对方同一个问题——玩什么游戏！"听了他的话，我差点没把车开到沟里。我简直不能相信。这跟成年人见面问对方"你做什么工作"是一样的！

丈夫在田地里工作，但土地永远不会给他完美的馈赠。地上看似完美而持久的荣耀转瞬即逝。当颁奖的一刻过去之后，我们很快就会忘掉是谁获得了"最有价值球员"的荣誉，在任何体育赛事中都是如此。荣耀很快便会消散。

做妻子的珍视家庭关系，并不是说女人对田地漠不关心，自古以来，

背负着小孩在田地里干活的女人不在少数。但在女人内心深处，她会以与孩子和丈夫的关系来判断自己。男人也不是对家庭漠不关心，他们觉得自己工作就是为了老婆孩子。

警告

我能说几句警示的话吗？你的儿子有工作和获取成就的愿望，但这并不意味着你让他做什么，他就会做什么。例如，妈妈们喜爱的是自己的天然领域——家庭，但她的儿子并没有这种恋家本能。换句话说，你不能交给他一把扫帚和簸箕，然后对他说："你不是喜欢工作和成就吗？那么去打扫车库吧！去征服吧！"这是不会奏效的。因为这是你的愿望，而不是他的愿望。

我们这里所说的欢乐，指的是帮他找到他自己心中的那片田地，鼓励他在这一田地上工作、收获。如果你的儿子不愿在你提供的舞台上工作，只能说明他想要不同的舞台。

还有一个警告，你是否发现你那积极向上的儿子对你的态度却很消极？你是否发现他很泄气或很容易生气？

遇到这种情况，你需要好好思索一下。你得对他进行"解码"！

是不是你对他在工作上的努力和成就说了不好的话？尽管你可能根本没那个意思，但在他听来也许是针对他的。他会不会觉得你认为他做得还不够？他会不会觉得你因他的某些失败而看不起他？为了激励他负起责任，你是否用了不尊重的话语？不论你的孩子处于什么年龄，叫他"傻瓜""失败者""懦夫""妈妈的小娃娃""混蛋""怪咖"……永远都是不对的，也产生不了积极效果。这些词只会让人泄气，让人受打击。正如我们在别处说过的那样，这就好像一位父亲想要把女儿培养成一位优雅的女士，却对她说严厉而伤人的话一样。

最后，别拿他的成就与别人的成就相比。不要拿他跟别人比，应该因他所取得的成就而鼓励他。为何要让他和别的男孩比谁的小提琴拉得更好？拿他现在的成就跟过去的成就比吧。因他的个人进步而夸他，而不是因为他取代乔伊得了第一名才夸他。尤其要注意不要在子女之间相互比较，做父母的切莫说："为什么你不能做得像你哥哥那么好？"

将 G.U.I.D.E.S. 法则与他的征服愿望相结合

作为一个妈妈，该如何培育男孩天生的工作欲和成就欲？如果你还记得 G.U.I.D.E.S. 法则（奉献，理解，指引，督责，鼓励，祈愿），别忘了我同样说过你能发挥很重要的作用。下面，我就教你如何将 G.U.I.D.E.S. 法则与男孩的征服愿望结合起来。

奉献：有助于他工作和获取成就的资源。问问自己："为了帮助他更好地工作和取得成就，我能提供些什么？"

对年幼的男孩

为他买一把小小的耙子，他可以用它来帮助爸爸清理落叶。你可以称他为"爸爸的小帮手"！对他说："你干活好认真，替爸爸把叶子堆成了好大一堆。妈妈真的很佩服你！"

对年长的男孩

投资一点钱在除草机上，好让他能在社区内帮助邻居修理草坪。等到夏天结束时便能收回投资。你可以对他说："我相信你。我尊重你工作和获取成就的愿望。很多邻居都需要你的服务，这也说明了大家对你的钦佩和信任。"如果除草无法打动他，可以再想想其他让他感兴趣的活儿。在这种事上，你自己可以同他一块投入，以示对他的嘉奖。

别随便给他零花钱，分配给他一些能挣钱的杂事。

与此同时，你同样可以奉献你的慈悲与爱意。比如，你可以告诉他：

"儿子，我们打算帮你买辆自行车。做这个决定主要出于两个考虑：首先，最近几个月你的表现很成熟，特别是你为买自行车一直都在很努力地攒钱。第二，为教堂筹款的自行车公益比赛很快就要开始了。我们相信在这次活动中，你也能为孤儿院筹到一些钱。因此我们决定为你支付 1/3 的买车钱。"

你不妨把这当成是为鼓舞员工士气而发的奖金。

我还要补充一点，不一定非得给孩子钱才行。为了表达对儿子的尊重，做妈妈的可以义务担任儿子球队的教练。她需要为此贡献自己的时间与才智。这样一来，她也进入了他的领域，并为他提高球技和在体育比赛中赢取名次贡献了一臂之力。

理解：让他正面接受工作中会有的烦恼和怒气。问问自己："我理解他在自己的领域所进行的奋斗吗？"

对年幼的男孩

当他 8 岁大，把为邻居粉刷篱笆当成人生的第一份工作时，他可能会因新刷的油漆被沙尘弄脏而倍感愤怒恼火，因为他不得不又把篱笆重刷一遍。告诉他你理解他为何会生气，也尊重他的情绪。对他说尽管事情变得有点糟，但你尊重他对工作的执着和努力。让他知道，你尊重他在失望中依然能重新来过的毅力。

对年长的男孩

为了能当上橄榄球队中的四分卫，他很勤奋地练习。所以当教练让另一名男孩来担任四分卫的时候，他心中的难过可想而知。你可以对他说：

"我尊重你想成为四分卫的愿望和为此付出的努力。我知道，对你而言这是很沉重的打击。我也知道你如何配合其他球员将比赛打完，尽管你的内心已经痛到麻木。对我而言你是个很了不起的榜样。"

当你看着他为获取成就而积极努力时，有时也会看到他的失败。这些时刻正是你运用"尊重—交流"方法的好时机。例如，当他修理草坪时（这对男孩而言是很常见的工作）你得防备着一些意外事件，比如割草机的锯条可能会突然撞上一块大石头，他得承担意外损失之类的事。当他把成本从利润中扣除掉，蜷缩在沙发上一言不发之时，你就可以以"尊重—交流"为原则与他对话：

"这是个挫折。但你是个令人尊重的男孩，你现在遇到的事是别人做生意时也会遇到的。记住，意外时有发生。史密斯先生开着一家卡车

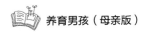

公司，但他卖的卡车会突然熄火。他会把由此产生的损失列入所谓的'一般管理费用'中。虽然这很令人痛苦，但我知道你有勇气战胜打击。"

说完这番话之后，你就应该走出屋子。不要在这个时候安抚他或分担他的抱怨，接着去忙你自己的事。施展尊重话语术的时间要短，不要让尊重的语言最后又变为爱的语言。一般来说，男孩较少谈论自己的感觉，但他们又希望听到尊重的话语——简单而入心的话语。如果他想得到你的安慰，过一会儿他自然会去找你。而此刻你同他谈话时，应该当他是个男子汉，而不是一个小男孩。而奇妙的是，如果你能同他内在的男子汉交流，你的小男孩之后会跟你更亲近。

指引：引导他更好地工作和获取成就。问问自己："我能为他改善自己的工作，更好地获取成功提供指引吗？"

对年幼的男孩

当你的儿子用乐高积木拼搭汽车，试着靠为别人遛狗赚零花钱……总之，当他做任何事情的时候，你会传递给他什么信息，你的语气如何？是听起来十分不屑，就好像他缺心眼一样，还是让他觉得你对他就像一个不吝赞赏的教练？

对年长的男孩

当他在家里干杂活时，干得不如你要求得那么好，这时你会不耐烦地教育他该如何如何做才对，还是会问自己："我怎样教导他才不会伤他的自尊？"

记住，当你为他提供指引时，一定要以尊重的方式传达信息，这样你才能继续教导他。一位幼儿园教师将尊重话语术用于园中的男孩身上时，发现尊重的语言给了孩子们新的学习动力。她写道：

我亲眼见到这种方法在我的幼儿园中创造了奇迹（我的工作是每天花 6 个小时照顾孩子）。你提供的"尊重法则"把那些渴望尊重，5 岁左右的小男孩们都变成了热心的小帮手和学习者，而我才刚刚开始运用这些原则而已。也许，作为父母，我们都忘记了，从最开始男孩就属于男性，而女孩就属于女性。他们跟成年人一样需要爱与尊重。

我很喜欢一位妈妈所写的一段话：

在我儿子 3 岁的时候，有次我们的除草机需要修理。他爸爸在修理机器的时候，他在旁边看着。我丈夫需要一把螺丝刀，当他向儿子解释了各种螺丝刀的差异之后，我儿子走到工具箱那里，把所需的工具拿了过来。我丈夫对他说了两次谢谢，他回答道："爹地，你需要我呀！"从丈夫那里我学到了一件事，就是把儿子算在我们的活动之内。当他们还小的时候，这么做可能很费时间，而且一开始花的时间会格外长，但他们会因此而获得自尊，归属感，被尊重与被爱的感觉。因此，这么做是值得的。

仅仅教他分辨不同的工具就能激励这个男孩去工作，也能激发起他被需要和被尊重的感觉。

如果你能为你的儿子提供与他想在其中获得成功的领域相关的知识，就是在表达对他的尊重。还是以他帮邻居割草赚钱的事为例，你可以对他说：

> 我知道一个用锉刀和老虎钳就能磨快割草机锯条的方法，我找了一个与之相关的视频，它会一步步地教你怎么做。也许一会儿你可以看看。如果你想买锉刀的话，我会带你去五金店。我替你出一半的钱。不管锯条有多么钝，我敢说一眨眼的工夫你就能把它磨快，因为我知道你很能干。

督责：使他变得勤奋而负责。问问自己："当他太懒或太不负责的时候，我应该如何管教他？"

对年幼的男孩

> 我尊重你的愿望，因为这种愿望，你才会去工作和获取成就。我支持你当义工，但我听说，你提早离开去咖啡厅跟你的朋友们聊天去了。我知道，对你来说跟朋友聚会很有意思，但你已经承诺说你会去做义工了。你已经9岁了，正在成为一名可尊重的男子汉。男子汉应该言出必行。下次如果你再早退的话，你自己来告诉我不要再给你找零活儿干了，如何？

对年长的男孩

　　怪不得你上学期成绩那么差，我听说你一直在旷课。你是个可尊重的男子汉，我想听听你的想法。我努力工作给你赚学费，你却荒废学业，这公平吗？你自己知道答案是什么。你需要回到课堂上，在这学期期末把成绩补上来。如果你不这么做的话，我也不会再尊重你。如果我放任你疏忽学业，我同样也是不尊重自己。如果你还不改进的话，你自己要承担后果。我这样说是因为我比你更尊重你，更尊重你的能力。你觉得我说的对吗？

　　所有的男孩都需要挑战和训诫。没有哪个男孩会出色地完成所有任务，在某些分配给他的任务上，他会逃避。

　　做父母的当然要帮他面对和改正这些错误。然而，你不需要摆出一副厌恶的面孔，再辅以恶言恶语。我们还是以他修草坪的事为例，当他不想剪草只想玩的时候，妈妈就需要运用"尊重—交流"的手段了。你可以对他说：

　　儿子，我相信你。正因为我相信你会成为一个男子汉，所以才会督促你成为一个可尊重的，有自律精神的男子汉。割草是你的工作，玩耍很有趣，但当你完成工作后，玩耍会加倍有趣。所以，咱们来商量一下：你不需要为了一个愿望而放弃另一个愿望。你可以满足自己做生意人的愿望，在接下来的45分钟里专心为巴来尔先生修草坪，之后的2小时里你就可以尽情地陪杰瑞玩电子游戏了。这样，你的两个愿望都会得到满足，当你晚上入睡的时候，感觉也会非常愉快。这

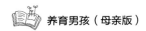

样多好！从另一方面说，如果你不这么做的话，等杰瑞回家之后，你还得割草，而且由于劳累还得早点睡觉。你觉得哪种方式对你，对杰瑞，对巴来尔先生都有面子？

鼓励：让他在失落的时候也继续努力。问问自己："当他感到意志薄弱的时候，我能鼓励他继续努力，争取成就吗？"

对年幼的男孩

我知道你觉得自己踢足球时表现不够好，因而深感沮丧愤怒。当你没有达到自己的期望时，你就会有这种感觉。但你进取的愿望让我很尊重你。有时候我们得与自己的进步比较，而不是与别人比较。这一点将使你终身受用。我们问了杰瑞愿不愿意来这边跟你踢球，杰瑞是校足球队队员，我们是在教堂认识他的。他非常愿意。他还会带一些球桩来跟你一块练球。

对年长的男孩

我知道你今年夏天想多花点时间在洗车店里打工赚钱。那个经理却减缩你的时间，这有点扫兴。但我想你可以在动物保护中心找份零工，他们在找兼职高中生。这刚好适合你，因为你是那么爱动物。这是他们的电话号码。

还是回到割草上。假设一个专业剪草公司进驻了你的社区，原来被你儿子承包的 6 家草坪的业务丢掉了 3 家。你的儿子失去了一半的生意，颇受打击。他觉得自己当初选择替人割草的生意是个错误。当你儿子的自信和热情都处于最低潮的时候，你就该运用"尊重—交流"方式与他谈谈了。你可以对他说：

一个受人尊重的男子汉更看重结果，而不是开始。在跑马拉松的时候，大家都同时起跑，但每个人都能跑到终点吗？很多人面对更好的对手感到十分沮丧，最终选择了放弃。你是想体面地把剩下的 3 个草坪修完呢，还是在竞争对手面前选择退出呢？现在的局面与竞争无关，与你是否有坚持到终点的信心有关。作为一个成长中的男子汉，你愿意品尝放弃的苦涩滋味吗？要我说，这是个很棒的锻炼机会，而不是一个挫败。这样的事你以后还会遇到。现在你头一次遇到这样的事，你会如何利用这一机会？（妈妈们可以把这些话写在纸条上，如果当面说的话，说完之后就要立刻离开房间。如果你还给他发问的机会的话，他也许会陷入自衰自怜之中。不要给他这个机会。让他自行体会你的哲言与问题，但你不应在他的房间逗留。）

以下是一些额外的鼓励性表达：

对学龄前儿童（2~4 岁）：你收拾自己的玩具时真努力，而且特别快，简直一刻也没停。这让妈妈很佩服。来，击个掌！

对学龄儿童（5~8 岁）：为了攒钱买那套科学小实验套装，你很努力地攒钱。这让我很尊重你。你有一个目标，并为实现目标而积极努力，这真让我佩服。来，我们击个掌！

对低龄少年（9~12岁）：今年夏天你读了10本书，我很敬佩你的努力。你读书如此用心，这让我十分惊喜。我真希望我像你这么大时读的书跟你一样多。

对中龄少年（13~15岁）：你一直在很努力地练习篮球技术，这让我对你很佩服。你的进步和对团队的贡献让教练都赞叹。

对青春少年（17~18岁）：你通过了驾照考试，而且分数还这么高。堪称完胜！你比我在16岁时成熟能干多了。你为你的弟弟树立了一个良好的榜样。谢谢你！

对青年（19岁及以上）：我尊重你为目标而付出的所有努力。为了赚学费，你一天要在学校的咖啡厅工作17个小时，此外还要在教堂和年轻人一起做义工。你天生具备杰出的品格。上天必嘉赏你的勤奋。

祈愿：为他能获得中意的工作机会而祈愿。问问自己："我会为他的工作和所取得的成绩而祈愿吗？"

对年幼的男孩

告诉他关于本·卡森的故事：本·卡森，美国传奇神经外科医生，他曾说过："我是一个糟糕的学生。我哥哥也是一个糟糕的学生。我妈妈不知道该怎么办。所以她默默祈愿。她希望上天可以给予她智慧，告诉她该怎么办。她发自内心地为我们祈愿，祝福。"从那以后，一切真的不一样了，本·卡森的人生方向有了改变。

对年长的男孩

一个母亲可以完全信任自己儿子的工作能力。她可以告诉自己的儿子，上天希望他工作和赚钱，这并不意味着上天会给他安排一份工作，让他在那里无所事事。相反，他应该积极努力，争取自己喜欢的工作，按照自己的意愿行事。他必须要努力去赚钱。

如果他没有得到工作的机会，做母亲的一定要告诉儿子，你可以为他祈愿，祝福，这总比什么都不做要好。告诉儿子，你了解他此刻的愤怒和失望，但是同时你也坚信，他会得到他希望得到的工作机会，因为你尊重他。

有时，你需要让儿子自己体验挫折，让他独自走路。举例来说，你儿子的校足球队教练对他说，这个赛季不再需要他像以前那样开球，他得做替补。新上来的年轻球员球技更好一点。遇到这种情况，做妈妈的你该如何回应？如果你察觉到你的儿子有轻微的抑郁迹象，你会对他说："儿子，我爱你。放心，我会给那个教练打电话，跟他谈谈我的想法。"还是会跟他说："儿子，这对你而言是个难熬的时刻。但我尊重你的失落。你渴望优秀，我很赞赏你这点。我不希望你碰到这种事，但我知道你有勇气接受挑战。你有这个韧劲。我欣赏你像男子汉一样独自承受这一切的意志。也谢谢你为我树立榜样。"

第6章

等级：尊重他供养、保护甚至牺牲的愿望

一位妈妈讲述了一个关于自己儿子的，令人愉悦的故事：

晚饭后，我带着我的5个儿子散步以帮助消化。天空隐隐有雷声传来。我们商量好一直待到下雨再回去。雨终于下了。开始下得很小，但很快就变大了，孩子们都迫不及待地想跑回屋里。我两岁的儿子骑着辆小小的脚踏车，他对大雨似乎一点儿也不在意。其他的孩子抱怨着嫌我们走得太慢，于是我把屋钥匙交给他们，让他们提前回去。3个孩子前头跑进屋子去了，只有6岁的儿子萨姆和他两岁的小兄弟还陪着我。我让萨姆也赶紧跑回去，因为雷声变得越来越大，雨也变得很大。萨姆回答说："我不会的，妈妈。我不会把你扔到雨里不管。"停顿了一下（他肯定觉得自己很勇敢），他又补充到，"如果有强盗跑到我们家了，别害怕，因为我就在你旁边。"虽然他说话时的可爱模样让我忍不住想笑，我知道他说这话时，心里是非常认真的。萨姆爸爸的性格肯定对他有影响，但我实在想不出他这番话是跟谁学的。

其实萨姆不一定是听了爸爸的话才会想去保护妈妈。因为上天赋予了所有男孩供养、保护和为他人牺牲的愿望，其中当然也包括萨姆。

保护的本能

每个男孩心中都有一个男子汉。妈妈需要留意这一点。当男孩打扮成超人或牛仔的模样，并告诉妈妈说他会保护她，妈妈们常常意识不到他们的话是多么认真，只会关注他们有多可爱。

当妈妈的不应该忽略这些表达，正如她不应该忽略女儿"养育"布娃娃的行为一样。当学龄前的女儿抱着布娃娃扮演妈妈的角色时，没有哪位妈妈会对此视而不见。相反，她们会赞美女儿说："你真是个好'妈妈'！"做母亲的理解小女孩，因为多年前，她们自己也是小女孩。然而，她能同样理解儿子保护她不受伤害的宣告吗？

上天赋予了每个小男孩勇于保护的特质。的确，母亲会密切地留意儿子，但做父亲会以其他的方式保护整个家庭。对全世界的男性而言都是如此。当你的儿子进入青春期之后，你一定会发现，如果出现可能伤害你的威胁时，他会本能地保护你。

请留意并赞美他的这种保护趋向。

男孩保护本能的早期征兆

研究者在考察男性学龄前儿童时，发现他们具有保护领地与财产，富于竞争性和在冲突中无畏地战斗等特质。保护自己的财产是好事还是坏事？这种竞争性，这种无畏战斗的精神是罪恶还是品德？我的妻子萨拉曾问过我们 4 岁的曾孙杰克逊他在没上学的时候跟朋友们都玩什么。杰克逊的回答是："我们一块抵抗坏蛋的侵略。"

这里有一个美德：一位妈妈能看到自己的幼儿如何保卫他认为正义的东西，这是一个体面男子汉的基础。在游戏中，他会守卫港口，抗击邪恶的侵略者。当他的朋友突然夺走他的玩具时，他会夺回来，于是他们就争来争去。在这里，重要的不是玩具本身，而是为正义而战斗。这是件好事。他不应该为维护正义而羞愧，公平就是公平。即便如此，在处理这些争斗时，他也需要教导，他表面的刚强往往意味着背后的软弱。做妈妈的可以把他拉到一边对他说：

> 我尊重你想被公平对待的愿望。他不该夺走你的玩具，我知道这会让你很不高兴，而且你的这种不高兴，妈妈非常支持，但作为一个可尊重的男子汉，下一次你该怎么做？

问问他应该如何解决，给他一个机会去找出答案。**孩子是具有道德和灵性的生物，他们能分辨是非，但他们需要启发。**如果他们自己能想出解决之道，那么这答案就属于他们自己。

如果男孩说："我也不知道该怎么办，他老是来夺我的玩具。"妈妈们可以说："好吧，下次如果他这么做，你跟我说，我会跟他谈谈。"每个妈妈都应该留意观察儿子抵抗不义，维护正义的本能。如果她能以这个视角看问题，就能在孩子的游戏里看到全新的意义。

当你的儿子自私而愚蠢地夺取别人玩具，或不顾自己的人身安全与别人争斗的时候，做妈妈的该怎么办？当一个男孩自私地维护不属于他的东西时，做母亲的需要给他指引。她可以说：

> 约翰尼，你知道我怎么看你吗？你想成为一个保护者。你知道维护属于自己的东西，我喜欢你这一点。但我有个问题要问你：如果你的朋友把你的东西夺走，你是什么感觉？我知道，被别人夺走属于你自己的东西并不好受。因此，你不可以拿走别人的玩具。如果那玩具属于别人，而你却要跟他抢，这是不光荣的。

鼓励他的美德。纠正他的过错。你必须唤起他内在的荣誉感。

记住，男孩与女孩不一样。女孩们本能地愿意谈判，而男孩们在早期侵略性要强得多。这种侵略性有不好的一面，但随着年龄的增长，他会本能地去维护弱者。例如，如果有别的男孩踢了他妹妹的猫，他一定会跟这个男孩打一架。这个世界上的确有罪恶，而我们是无法与罪恶谈判的。

让我感到奇怪的是，有的女人在加油站碰到无礼的店员时，希望自己的丈夫会维护她，也希望自己丈夫能为了她勇敢地与半夜的闯入者搏斗。同一个女人，当儿子与欺负自己妹妹的男孩打架时，却会责备他太逞强。我们的文化认为："如果人不被管教的话，就会变得暴力好斗。"可是，如果一个女子希望丈夫保护她的人身安全，那么她对自己那奋不顾身地保护妹妹安全的儿子也应该宽容一点。的确，也许他不应该与别人发生肢体冲突。但这些小冲突并不会损害他们的自我形象，他们不会认为这是攻击，而会视其为勇气。韦顿学院的小伙子吉姆·霍晨思是第一个在越战中受伤的教士。他曾对我说："在你命令男孩们依照天赋的使命行事前，应先让

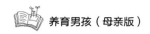

他们依自然的方式行事。"男孩们从犯错中学习。他们会把欺负妹妹的男孩摔倒在地，这不见得全是坏事。

许多女人私下都对我说，她们从没留意过男人这种保护和牺牲的愿望，但当她们向男人表达对他们这一品格的赞美时，发生的事往往令人动容。有位获得过很多荣誉的女教授遵循了我所说的关于男人需要尊重的教导，她将男人对尊重的需求融入了自己的课堂。她写道：

> 昨天，我在奥斯汀为州审计长做了一次讲座。讲座结束后，一位父亲来拜访我。由于他的儿子不走正道，他十分伤心。在谈完他儿子的问题后，他对我说："我真希望女人能明白尊重这个词的含义。"他喃喃地说，他儿子的问题部分是因为他跟他老婆的离婚导致的。我对他说，我知道他是个可敬的男子汉。如果此刻一个恐怖分子走进房间，我知道他会站在我前面保护我。他说他肯定会，并说他会为我抵挡飞来的子弹。这让我非常感动。我说："我相信你的儿子也会的。"我鼓励他对儿子说，他以儿子为荣。我还劝他试着把儿子的表现与他对儿子的尊重分别对待。

显然，这位女教授理解了尊重的意义。

玩具与涉枪暴力

仔细观察一下玩具生产商推向市场的玩具，为什么小马宝莉、芭比娃娃、爱心熊、草莓女孩和椰菜娃娃之类玩具能畅销多年？并不是爸爸妈妈鼓动自己的女儿们买这些可爱的玩具，而是这些玩具能触动小女孩们抚育与爱的天性。而男孩则更喜欢动作型的玩具或令他们尊重的物件，玩具生产商们深知这一点。他们为男孩推出了特种部队，星球大战和变形金刚等玩具。它们代表的是未知的冒险——需要凭勇气和力量去面对和克服的危险。男孩们渴望成为那些被他们所仰慕的、击败敌人、保护无辜者的英雄角色。这样的礼物最符合他们的天性。

我还要再问一个问题：当一个小男孩手持玩具枪时，他是会与"敌人"展开战斗还是会显露出暴力与犯罪的早期征兆？他的小脑瓜会认为，当加入战斗游戏时，每个男孩都会制作自己的武器。尽管妈妈们会费尽心思拿走他的玩具枪和玩具宝剑，但最后往往无济于事。一位妈妈对我抱怨说："我放弃了。吃饭时，我的儿子把烤奶酪三明治做成了一把枪，拿着它对着窗口射击。"她阻止不了他。当她想阻止他的时候，他说："妈妈，你不喜欢枪，但我喜欢。你不喜欢玩枪，但我喜欢玩枪。"

这些男孩怎么了？有的人说这证明男孩子天生具有暴力倾向。但如果你问孩子："你觉得自己是个拿着枪伤害无辜的坏蛋，还是个保护无辜者不被拿枪的坏蛋伤害的好人？"他会郑重地告诉你答案。

尊重并指引你的儿子。对年幼的男孩，你可以说："约翰尼，我知道你想变得更强，好保护无辜者不受坏蛋伤害。我尊重你这一点。"

在你运用"尊重—交流"法时，观察他的面部表情有何反应。你能看到"尊重效应"的显现：他会站得比平时更直，对何为尊严做更多思索。对于十六七岁的少年，你可以说："当你爸爸外出时候，有你在家我觉得特别安全。妈妈很敬佩你。"看看他有何反应。

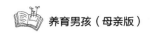

嘉赏男孩所做的小事

以下就是一位妈妈意识到尊重的意义后，运用尊重话语术的方式：

> 我见证了我 9 岁的儿子所体现出的服务我，保护我的愿望。当"爱与尊重"讲座结束后，我告诉他（我们紧挨着坐着），晚上他陪我去买东西时，当车门打开时他让我先进，这种行为十分值得尊重。为此，我要谢谢他。他脸上浮现出灿烂的笑容，从那之后，他不但经常晚上陪我去买东西，还会主动为我开门，关门！

对自己儿子说这些话很难吗？有些母亲完全忽视了男性灵魂所发出的"让我照顾你"的宣告。如果男孩盼望着他供养和保护的愿望得到尊重与赞美，但最终得到的却是嘲弄，他便会感到困惑与自我怀疑。除了真正被推倒在地之外，男孩也会有疑惑。他会问自己："我有供养、保护甚至牺牲所需的品格吗？"如果一个妈妈真的爱她的儿子，她就会郑重地回答："是的，你有这些品格。"

在疑惑之外，他也会恐惧。例如，有许多事情都会让学龄前儿童感到恐惧。当他感到恐惧时，他需要妈妈的安慰与保护。他并不永远是勇敢的战士。雷声、动物、陌生人都可能会让他感到害怕。所以千万不要逗他说："我还觉得你很勇敢呢，你是个胆小鬼吗？"当他表现出恐惧的样子时，不应该再受到嘲笑。遇到这些时刻，你需要鼓励他亲近你而不感羞愧。你需要告诉他，即使是勇士，也有感到害怕的时候，这不算什么。

当狂风暴雨袭来时，男孩坚定地保护自己的阿姨、姐妹和邻居的英勇表现会被某些妈妈忽视。于是她们便错失了表扬儿子的机会。他把她们带到安全的地方，并让她们待在那里，直到危险消除。有些妈妈会故意不表扬他，恐怕女性的脆弱有损男女平等。因此，为了避免得出女性需要男性的结论，本该给儿子的赞扬最终归于沉默。

将 G.U.I.D.E.S. 法则用于男孩对等级的追求中

奉献：为了帮助他去供养和保护，我能奉献什么？

对年幼的男孩

在杂物间给他留出一块空地，好让他养一条他想养的小狗。在他承诺会喂养照料小狗之后，你可以对他说："我相信你，也尊重你供养和保护这条小狗的愿望。你已经准备好这么做了，你一定是个负责任的人。"

对年长的男孩

当你和丈夫外出时，如果他会帮忙照看年幼的弟弟或妹妹，请告诉他你以他为荣。告诉他你极为幸运，因为他 15 岁就能保护弟妹和准备晚餐了。你可以对他说：

"你太了不起了。你不仅对得起我们给你的 10 美元，也为弟弟妹妹树立了良好的榜样，因为他们把你当成大哥哥。谢谢你，我尊

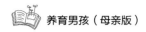
重你。"

理解：我理解他为供养和保护而付出的努力吗？

对年幼的男孩

他第一次养金鱼，却忘了及时给它喂食，最后金鱼死掉了。这时你会对他说什么？告诉他你理解他的悲伤难过——因为在他内心深处，他非常愿意为那条名叫厄尼的金鱼提供食物和保护，但别的事情分散了他的注意力。让他知道，他会从这个令人心碎的事件中吸取教训。这次的损失会提醒他用心照料他的下一条金鱼。

对年长的男孩

当他想利用暑期时间在工厂里赚点学费，却不幸碰上工厂裁员时，请理解他无法养活自己的沮丧感，体谅这一突如其来的重大挫折对他男性自尊的打击。当他设法应对这一挫折时，你可以对他说："我无法为你解决这一问题，你得自己想办法弥补收入。"请注意：你需要尊重男人的独立性和解决问题的能力。一个已成年的儿子不需要妈妈来帮他解决困境。

指引：我能指引他去供养和保护吗？

对年幼的男孩

当他想保护自己的小狗，却忘记了关大门，最后竟让小狗跑出去之后，你需要让他知道，正因为你尊重他，所以才会给他指引。一定要确保他能明白，你为他提供指引是因为你相信他一定能成为一个负责任的保护者。告诉他，他应把小狗跑掉这件事当作是一个深刻的教训。

对年长的男孩

当他终于用攒下的钱买了一辆二手汽车之后，你应提醒他及时购买保险，以保护自己和别人——注意，当你提醒他的时候，应该像两个成年人那样，以尊重的方式对话。如果他想哄骗你让你支付保险费，你一定得反击他：

"听着，你已经是个有责任感，受人尊重的男子汉了。我得利用这个机会给你讲讲额外开支。如果我为你支付了保险费用，其实是对你的不尊重。负责的人应该知道什么是隐性开支，也应该自己承担这些隐性开支。"

督责：当他太莽撞或太胆小的时候，我该如何督责他？

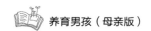

对年幼的男孩

我尊重你的供养欲和保护欲，也尊重你买下这些沙鼠的决定。但请你看看鼠笼，你已经两天没清理它了。尽管你给它们喝水，吃东西，但鼠笼却又脏又臭。一个受人尊重的男人也应该关心自己的动物。我们来商量一下，如果我帮你清洗一次鼠笼，我就要从你攒下的零花钱里扣掉2美元。这些沙鼠要靠你养活，他们需要你。

对年长的男孩

我们买了这台四轮摩托车，这样我们在小径或土路上也有个代步工具。我们本希望你能好好保养这台机器，及时清洗它，为它充气上油，并合理使用它。我们觉得你已经足够成熟，能保护好这份投资。但当我和你爸爸开着它出去的时候，发现离家还不到半里路它就没油了，并且它的右反光镜也碎了。我怎么能相信你会好好尊重我们的约定，用心照顾这台车呢？或者我们干脆登广告把它卖掉算了？

当管教自己儿子时，一定注意不要贬低他的自尊。

一位妈妈写信给我说：

直到最近，当我管教我的长子时，我都会贬斥他。你或许会问："这管用吗？"当然不管用。这让我很沮丧，我一直都希望自己能理解我的儿子，希望我能理解他作为年轻人的需要。其实他与我丈夫需要的东西差不多，他需要被尊重。当我学会对他表达尊重后，他对我的态度也积极了很多，不再那么灰心丧气了。

当妈妈意识到自己负面的言行，并积极做出改变时，她与儿子的关系也会变得更好。你不一定非得用粗鲁的方式才能把事实说清楚。如果你能让他明白，当你纠正他的错误时依然尊重他的心灵，他就会在情感上信任你。请使用柔和的语调，真相自会说话。

鼓励：我能鼓励他始终保持供养和保护的精神吗？

对年幼的男孩

我知道别人的欺负让你很苦恼，被称作"胆小鬼"令你沮丧。我知道你有足够的勇气无视这样说你的人。我尊重你的勇气，但我也知道，这种事会让男孩心中燃起怒火，会激励他去保护自己。空手道是项不错的运动，它会让你有更强的能力保护自己。你想报个空手道的训练班吗？如果你想保护自己不受欺负，这是个不错的方式。如果有需要，你还可以用空手道保护其他人不受欺负。

对年长的男孩

去年你在学校发起了捐助"一盒生活所需品，救助贫困儿童"的活动。这个活动收到了良好的效果，至今已捐出超过 1000 盒的物品。去年你说，你将会继续这一活动。但我注意到，过去的两周里，当你本该筹划鼓励人们发起新的捐赠时，你却什么也没干。我想你肯定是倦于行善了。请看这些孩子们寄来的照片和写来的感谢信，这说明，你的活动是值得的，你做的事真的很令人尊重。

你要明白，男孩就是男孩。男孩希望玩耍，他不会像做父亲和做丈夫的人那样尽职尽责地供养和保护。然而，他供养和保护的男性特质也会时不时地显现出来。在这些时刻，你需要按我建议的那样，依照他的年龄和发育阶段灵活运用尊重话语术：

对学龄前儿童（2~4岁）：妈妈好佩服你。当你穿上超人服装时，我能看到你真的在保护好人不受坏蛋欺负。

对学龄儿童（5~8岁）：我尊重你。今天下大雨时，我让你和弟弟妹妹先回家，但你对我说："妈妈，我需要跟你和弟弟妹妹待在一起。"你希望保护我，谢谢你。

对低龄少年（9~12岁）：我尊重你。我注意到当你跟伙伴们一块骑车外出之前，你很仔细地检查了车胎，并确保所有螺丝都已拧紧，还把头盔递给每个人。你的细心让我觉得你是个稳重的领导者。

对中龄少年（13~15岁）：我尊重你。我听说当有个男孩取笑朋友的妹妹时，你勇敢地站出来保护她。你是个令人尊重的年轻人。

对青春少年（17~18岁）：我尊重你开车的方式。当你开车前，你仔细检查了反光镜和油量，你让每个人都系好安全带。开车过程中，你专注于路况，而不是只顾着聊天。坐你的车我觉得很安全。

对青年（19岁以上）：我尊重你想参军的渴望。你勇于守卫我们的自由，这让我十分感动。你是个值得尊重的男子汉。

你不需要每天都对男孩重复这些话语，只需在关键的时刻说。这些话会让男孩在很长时间里都铭刻在心。这些话语会让他印象深刻，并会给他以莫大的动力和鼓励。

祈愿：我会为他供养和保护的愿望而祈愿吗？

对年幼的男孩

他养的小猫逃走了。对做妈妈的来说，应该抓住这个时机与儿子一同祈愿，请求上天让你们找回小猫。尽管你无法承诺说上天一定会让你们找到小猫，但你可以对儿子说：

"从你难过的表现，我能明白你多么在乎这只小猫，多么想养育它，保护它。你是个令人尊重的男孩。"

对年长的男孩

当你的儿子认识到他上大学的学费还没凑够时，你可以让他明白，你正在为他祈愿，希望上天赐给他智慧，好让他找到赚足学费的办法。一定要充分表达对他的尊重。但不要让他误以为由于他根本养活不了

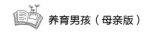

自己，所以才需要帮助。

在人类的早期，女人懂得如何对男人保护和供养的品性表达自己的尊重。那时，由于人们还生活在户外，女性的生存直接依赖于男人保护和供养的勇气。女人们珍惜这种力量和勇气。今天，男人依然会表达同样的愿望，但很多女人却会把这视为一个借口，她们觉得男人只不过想靠这套说辞来让女人怀孕，或将女人置于贫穷的境地。但作为一个母亲，切不可以这种错误的眼光来看待你的儿子。他并不想压制女性，只想怀着尊重之心担当保护者和供养者。你的儿子并不会将自己视为家庭的天然主宰，只会觉得自己有天然的义务去保护自己的家庭。

第 7 章

权威：尊重他变得更强，拥有领导力和决断力的愿望

当我们谈论男孩与权威有关的愿望时，我们指的是什么？它指的是男孩都有变得更刚强，成为领袖和做出决断的愿望。

这种愿望是把双刃剑。

这种愿望包含着品德因素。在内心深处，男孩都希望成为不可战胜的坚定统帅。因此，对于说他软弱、胆小、犹豫不定的指责会做出激烈反应也就不难理解了。因为他会认为这是对他男子汉气概的沉重打击，没有什么压力比这样的指责更沉重。

不论男人处于哪个年龄段，他都会对挑战自己权威的行为做出强烈反应。权威感对他而言有莫大关系，哪怕他并不知道这个词的确切含义。研究者告诉我们：**"女孩对人际关系的压力更为敏感，而男孩对挑战自己权威的行为更敏感。"**

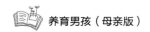

学龄前儿童

从学龄前开始，男孩们就已经展示力量，树立地位，指挥别人，保护自己的领地和财产，以负面的结果去警告别人（例如发出威胁）。对他们来说这种追求并不是坏事，做父母的同样会体现出这些特征。他们想在孩子面前保持地位，想命令孩子们做杂活儿，当孩子不听话时，做父母的就会以负面的结果威胁他们。

遗憾的是，男孩对威信的追求也有不道德的一面。他也许会以不成熟的方式对兄弟姊妹或朋友施压，甚至会对妈妈"秀肌肉"。

与学龄前男孩打交道的人往往对男孩给学龄前环境带来的挑战有切身体会。照料他们日常生活的幼教人员往往被男孩烦到抓狂。我这么说并不是说女孩们总是"酸酸甜甜就是我"的完美女孩[①]，而是想说明，女孩与男孩内在的行为模式是根本不同的。

一位幼儿教师说：

> "问题男孩"最常见的一个特征就是他们学习很吃力。他们常常以欺负别人，粗鲁莽撞，乱发脾气，争权夺势，顶撞师长等行为来补偿自己在学业上的不足。身为女教师（幼教阶段的教师以女性居多），大多数时候，她们依靠的只是一视同仁（对男孩女孩都一样）地运用爱的技巧，对尊重的技巧甚至想都想不到。我发现，尽管男孩们对无条件的爱会做出回应，但其效果总不如用在女孩身上那么明显，与男

---

① 英文原句为 girls as "sugar and spice and everything nice" —— "sugar and spice and everything nice" 出自一首诗，原来是形容女孩 "sweet and nice"（甜蜜而美好）——编者注。

孩的关系常常是脆弱不稳的。当我读到您的书时，我顿时恍然大悟！从那之后，我开始借助那些特别难管的男孩自身的力量去塑造他们。只要有可能，我便会夸奖他们某方面的榜样力量，并会让他们在一些活动中领头（有趣的是，女孩们对此并不怎么在意。只要知道我认为她们表现不错，她们就知足了）。

我很欣赏她让那些男孩充当领袖的行为。有的人觉得，这只会让那些男孩更自大。但我认为这有助于唤起男孩心中受人尊重的男子汉情结。

对他的独裁倾向，我们又该怎么办？

大多数人都同意，在早期阶段，男孩的攻击性比女孩更强。学龄前男孩的攻击性比同龄女孩要强许多倍。例如，一个男孩与他的小伙伴对峙时说的话在做妈妈的听来犹如出自一个小小的盖世太保。

"信不信我揍你！"

"这是我家，该做什么由我说了算！"

"别在我面前摆架子！"

"这是我的。你不能要！"

"我警告你。再做一遍，我会揍你！"

在他小小的领地内，他不会把自己看成是一个软弱的人，更不会视自己为一个追随者，一个可欺的人，或一个柔软寡断的人。他会觉得自己是对的，并有自己的权利。

这种独断的倾向会吓到妈妈，因为她看到女儿总是会温柔地通过谈判来解决与朋友的冲突。虽然女孩们也会顶撞父母，出言不逊，但至少她们在肢体上的威胁性要小得多。很少有女孩会说："信不信我揍你！"

在应对攻击性特别强的男孩时，做妈妈的一定不能因为他运用威信的方式不成熟，就否定或伤害他的权威感。如果妈妈否认或贬低她的"小牛犊"的内在斗志，无异于是只在他面前挥舞红旗，而不是为他指引正确的方向。

在处理男孩的独裁倾向时，当妈妈的必须以尊重的方式，让丈夫参与到教育儿子的过程中来。德博拉·坦嫩在她的经典著作《交谈中的男人和女人》中曾提到过她所说的"权威特征"——男人通常"更高，体格更壮，声音低沉柔和。"而这些特征与女人"更矮，更瘦的身材"和"更高的声调"形成鲜明对比。

对于母亲们来说，尽管她们不具备丈夫所拥有的权威特征，她们依然应该被尊重。没有人会怀疑这一点。做丈夫的在儿子面前更有权威，而妈妈需要丈夫的援助。要平衡儿子的独裁倾向，爸爸起着关键作用。出于青少年期的儿子会确认爸爸所具有的权威，而当父亲的可以利用这种权威来协助妈妈去管教儿子。做妈妈的完全可以告诉自己的丈夫她需要他的权威。

男孩的敏感

随着年龄的增长，他对以下的这些话语会变得极为敏感：

你没有权利和能力去影响别人。

你一点也不强。你很弱。

你没有领袖气质。

你没有领导才能。

你什么特殊本事也没有。

不管多大的事，你都下不了决心。

你无权发号施令。

轮不着你说。

　　一般来说，所有这些话对男孩的男性自尊心都是一种打击。这些话语是对他本质的威胁，比其他任何伤害都痛。如果他听到有人对他说："我觉得你能力不足，我不尊重你。"他会感到他必须捍卫自己的尊严，因此他会反击。尽管在内心深处他也会因这些话而怀疑自己，但在表面上，他必须证明说这话的人是错的。他的状态会切换到战斗模式，除非妈妈的教训把他变得被动而软弱。

　　对女孩而言，这样的话往往会让她变得更内向。她或许会说："你不喜欢我。你讨厌我。你受不了我。为何你把我看得这么坏？我做错了什么，你会如此指责我？"这些话会让从她心理上和情感上都觉得无助，她会为人际关系的走向而担忧，她会担心自己变得没人疼没人爱。

　　有例外情况吗？不是也有女孩在感到不被尊重时会奋起反击吗？不是也有些男孩会变得内向，感到孤独悲苦吗？的确有。但在典型的情况下，女孩不会为此而愤怒，因为她不会将别人的冒犯理解为对她女性特质的挑战，而会理解为不喜欢她这个人。而一个男孩面对挑战却会做出反击姿态。男孩对被排斥的感受相对而言不是那么强烈，他更倾向于把别人的冒犯看成是对自己男性自尊心的攻击。

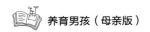

将 G.U.I.D.E.S. 法则与他追求权威的愿望相结合

奉献：为了帮他变得更强，拥有领导力和决断力，我能奉献什么？

对年幼的男孩

主动赠给他能让你借机使用尊重话语术的礼物。举例来说，当你送他一把"光剑"时，就可以抓住这个时机赞美一下《星球大战》中卢克的力量。你可以说：

"卢克决心做一个正直的男子汉，拒绝成为一个阴暗的人。这一点真的很让我尊重你。我将这把光剑送给你，它代表着你保护无辜者不受邪恶侵袭的力量。用这把光剑去领导大家，并借助它去决定如何保卫宇宙吧。"

与平淡的"别拿着它打人"相比，上面这番话对他充满正义感的想象该是多么美好的鼓励。遗憾的是，有些妈妈会错过这些机会。她也许会为儿子买一把光剑当做万圣节的礼物，心里却希望她那"思想进步"的朋友别因此而对她大加指责，说她鼓励孩子的暴力倾向。

对年长的男孩

他曾说过自己想变得更强壮，因此你可以送他一个 25 磅重的哑铃，让他把它放在自己的卧室里。如果他愿意重复练习的话，哑铃能让他拥有更强的肌肉和力量。帮助他建立更健康的饮食习惯，捏捏他的肌肉，对他说：

"上天将力量赐予男人，这真是奇妙。你正在成为一个强壮的男子汉。这让我尊重你。"

但更多的时候，你应该关注他内在而非外表的品质。你可以对他说：

"儿子，我尊重你想成为一个有力量的男子汉的愿望和意志。女人在一个强壮到足以保护她的男人身边会感到安全。尽管她不会太在意他是不是孔武有力，但她会尊重他在有需要时尽力保护她的决心。"

理解：我理解他为变得更强，拥有领导力和决断力而付出的努力吗？

对年幼的男孩

当他做了一个错误的决定，把辛苦攒下的钱买了一架劣质的，刚起飞就摔碎的遥控飞机时，告诉他你理解他的生气和愤怒。对他说你尊重他买自己想要的东西时，想尽力做出正确决定的愿望。你可以对他说：

"买这家劣质遥控飞机不是个好主意。即便如此，我也尊重你，因为我知道这个教训会让你下次做出更好的决定。"

对年长的男孩

他报名参加了一个高级英文补习班，他为这个补习班忙得不可开交，而他本可以与朋友们外出聚会的。当他怀疑自己的决定时，你该如何回应？你不妨说：

"你想在学业上迎头赶上，想努力学习，并担心自己的学习成绩，这非常好，这些都让我很尊重你。我觉得你做了一个很好的决定。尽管玩电脑游戏，跟朋友们一块打篮球会更轻松。"

在某些事情上你和你的儿子可能会出现严重分歧。例如，他可能不愿意晚上回家太早。能带着尊重听完他反对的理由是件好事，承认他发表不同意见的权利是尊重的表现。你可以表达你对他的理解，例如对他说：

"我知道你晚上出去玩时想晚点回家。如果我是你，我也会这么想。"

但你还是要以尊重的方式告诉他，你不会改变主意。

"你需要学习。我不想一直为你操心，而晚上10点钟之后很不安全。所以，你晚上回家的时间还会跟之前一样。"

理解并不意味着忍让。

尽管他并不完美，让他明白你尊重他想合理解决的愿望。在这样的时刻，你会看到他的内心更深处，哪怕他做出的决定很糟。告诉他，你与他交流的目的并不是要贬低他或摆架子。如果妈妈能理解儿子为何会如此反应，很多冲突就会烟消云散。

指引：为了帮他变得更强壮，更好地去领导和决断，我该如何指引他？

对年幼的男孩

当他想把做家务挣来的钱用来买眼前的糖果，而不愿攒着将来用以买滑板时，你可以对他说：

"因为我尊重你，所以我愿意为你提供指引。我之所以帮助你，是为了让你更好地管理自己的钱，以获得自己真正想要的东西。"

对年长的男孩

如果你看到他有因暴食而变得体重超重的趋势，你可以对他说：

"提醒你一下，想要成为一个令人尊重的男子汉，你得控制一下自己的体重。我知道你想变得更强壮，更健康，那么，你就得更加努力地锻炼，少吃碳水化合物。"

如果一个男孩在试图领导别人时表现得很差，那么当妈妈的可以利用他的荣誉感来鼓励他。她可以这样指引他：

儿子，你正在成为一名值得尊重的男子汉。为了帮助你更快成长，请允许我们给你一些建议。在你跟弟弟的冲突中，我知道你觉得自己是对的，你说的话大部分也是对的。但事情是这样的，你说的话让别人听起来很粗鲁，就好像你是这个街区的新独裁者，所有人都得对你立正敬礼一样。我们来分享一些名言警句吧：第一句是"智慧自有其力量"。换句话说，要让别人明白你的话，你不用做出盛气凌人的样子。

相反，你应该让自己的话更有智慧，用智慧去打动你弟弟的心。第二句是"你说的话可能是对的，但如果声调太高的话就不对了"。大声吼叫会削弱你的智慧和权威，当你对别人大喊的时候，他们就听不到你在说什么了。

当你教导他如何正确运用自己的身体力量时，你可以对他说：

我尊重你想让你弟弟做他该做的事的愿望，但你应该凭你的权威和力量去扶助你弟弟，而不是去威胁他。你不用向他证明你块头很大，也不用靠威胁来控制他。用你的力量去帮助别人，而不是伤害他们。力量并不代表正义。如果他不听你话，你来找我，我会帮助你。

当在领导力方面给他指引时，你可以说：

我尊重你想成为一个优秀领袖的愿望，但对别人大声发号施令并不能意味着你是个优秀的领袖。做领袖跟高高在上是两回事。想想我的话，如果别人对你呼来喝去，你会是什么感受？特别是别人让你做你不喜欢做的事情的时候？

当你传授他决断的智慧时，你可以说：

运用你的智慧，想一个让双方都能接受的办法，这叫作"双赢"。这需要费点心思，但你一定能想得出来。以民主的方式去决策——而不是像个独裁者一样。

督责：当他太没规矩，太霸道时，我该不该督责他？

对年幼的男孩

我尊重你心中秉持的男子气概。我尊重你追求强壮，更加具有领导力和决断力的愿望。但一个 11 岁的男孩不应该在自己 9 岁的妹妹面前摆架子，独裁者才会这么做。当你想让她做事情的时候，你要和气，像绅士一样说话。当她说"不"时，你要保持风度，丢开这件事。遇到这种情况，你需要自己去完成它，或者让我来跟妹妹谈。如果你一定想做主，我会让你负责打扫车库。当我督责你的时候，我希望你不要感到难过或难为情。我只是想帮你成为一个勇敢坚定，知道如何处理人际关系的男子汉，包括如何对待自己的妹妹。

对年长的男孩

儿子，你正在成为一个男子汉中的男子汉。你很快就能加入海军陆战队，为自己的国家而战斗了。但作为一个受人尊重的男子汉，你也应知道，我们家是有规矩的，你得遵守晚上早点回家的规矩。早点回家的原因之一是我受不了当你说好了准时回家，却并没有回来时那种焦灼的等待感。你想通过晚回家的方式来表达对我的不尊重吗？我想你并不是，但这已经是你第二次不遵守约定了。所以，请把车钥匙交给我，这周从周一到周四都由我开车接送你上下学。如果你能令人尊重地遵守我的管教，到周末我会把车钥匙还给你。

一位妈妈曾写信向我诉说她对自己权威的不自信：

作为一个妈妈，我困惑于在管教孩子与孩子对自尊的需要间取得平衡。我知道我的大儿子（12岁）会因为我情绪低落时说的一些话而变得态度消极。我感觉上天正在向我指出这一点，好让我在一个充满爱与尊重的环境中养育儿子……对母亲们来说，养育儿子似乎额外费力，因为最终，儿子会成为自己家的一家之主，并凌驾于女性之上，这是上天赋予他的权利。在他现在的年龄，我的儿子还需要权威、他显然也需要管教，这却时不时会成为我的绊脚石，因为在权威、管教和尊重他之间，有条鲜明的界线。

面对儿子充满权威意味的举动，当妈妈的绝对不能妥协。她是家长，她不能让自己那性格刚强的孩子对她一路违抗下去，任由他的愿望变得专横，或什么都只为自己打算。

有的人认为管教必然伴随着不尊重，这是个天大的错误。一位妈妈写道：

我们有4个女儿，但我们的一个朋友（单亲妈妈）却有4个处于青春期的儿子。我能看得出她很努力地去爱，去引导，去养育他们，但他们却与她日渐疏远。我觉得她控制欲太强了，也不想给孩子们渐渐萌生的、对尊重的追求。当我与这位朋友谈起这个话题时，她理解不了一个单亲妈妈如何能在管教孩子的同时，又给他们尊重。

答案是：她必须尊重他们。想让孩子听自己的话，光靠贬损他们是不行的。如果一个妈妈怀着鄙夷的心态去管教自己的儿子们，个性刚强的孩子会与她发生顶撞。轻蔑的对待方式不会令男性顺服，这就是他们与她疏远的原因。

妈妈在管教儿子时，不用害怕告诉儿子，她想以尊重的方式与他交流：

儿子，我想以尊重的方式跟你谈一下。如果你觉得我哪里不尊重你了，请告诉我，我会停下。我们家是有规矩的，比如说把脏衣服放到衣筐里，自己铺床铺，清理卫生间的水槽，睡觉前刷牙，闹铃响时就起床上学等。如果你想当一个受人尊重的男子汉，我需要你遵守这些规则。我知道你觉得我制定的这些规则不公平，但目前你必须遵守它们。有天你会独立，但在成为一个优秀的领导者之前，你首先得学习如何做一名优秀的追随者。

严厉并不是不尊重。你可以以严肃的语气告诉儿子你对他的哪些行为不满，但不可以靠大吼大叫来行使你的权威。

当妈妈管教儿子时，绝不可以对他说："我不尊重你。"相反，你应该说："我不尊重你做的某些事。"她可以不尊重儿子的某些行为，但她必须维持对他心灵的尊重。记住，男孩之所以会反抗，一个重要的原因就是觉得自己人格的权威受到了贬低。孩子们知道自己不听话，但这是因为妈妈管教他们的方式令他们畏惧退缩。如果做妈妈的把上天赋予男孩的愿望不当回事，那么她们的管教就不会很有效。该受责备的是男孩的行为，而不是男孩本人。伤自尊的话语会打击他的自我形象。也不要对他说"女人比男人更优秀，更聪明；男人只会考虑自己；男人老想着按自己的方式行事，老想着去控制别人；男人只希望把女人当仆人一样使唤；男人拼命追求权力……"这类糊涂话。这些话对男孩满怀善意的心灵而言不啻是一场灾难。

我很喜欢我的一个朋友所说的话，他是个专业的中班幼教咨询师。他说："**凭爱改变不了男孩的行为，但凭尊重就能做到。**"当然这句话有点说教，但它包含的真理却抵千金。

如果"当个好孩子"这句话听起来好像在说他们应该像女孩一样行事，男孩们就不会喜欢这句话，这句话不会让他们恢复冷静。一个担任幼儿园园长的妈妈写道：

我们有四个孩子，两个男孩和两个女孩。两个男孩的年龄刚好在中间，他们相差18个月。在他们大约九十岁的时候，他们老是故意彼此争吵，挖苦，捉弄。我会提醒他们要"当个好孩子"或"对别人好点"，他们只会暂时改一下自己的行为，却听不到心里去。后来，我开始在他们身上运用"尊重法则"。我会对他们说"你做了XXX，这是对你弟弟的不尊重"或"既然你知道尊重你的朋友，你也应该尊重你的弟弟"。这些话真是说中他们的心坎里了。别误会，他们到了十三四岁的时候依然会争执，但他们很快会解决掉冲突，他们已成为最好的朋友。

别灰心，你的儿子秉性刚强，他拥有按上天意旨行事，令世界变得更美好的品质。目前，你正处于塑造他的阶段。

鼓励：我能鼓励他持续保持强壮，坚持自己的领导力和决断力吗？

对年幼的男孩

他发育较为迟缓，身高落后于同龄人 5%。他身材如此瘦小，以至于人家常会以为他比实际年龄小好几岁，这让他很沮丧。但你可以向他传递鼓励他的话语，告诉他真正的强壮不仅在于身体力量。

"很多伟大的人物体格很瘦小，但他们通过学习良好的决策和领导技巧弥补了这一点。有些事情是自己改变不了的，接受这一点很难。但他们致力于改变自己能够改变的事物：刚强的个性，清晰的思维，决策技巧，等等。你能理解这一点，这也是你让我尊重的地方。上天眷顾你，赐予你机会去发展很多能力，而你的朋友们 20 年内也许都不会想到这些能力。你所感受到的悲伤能让你获得更伟大的品质。等你大一点的时候就会发现，人们不会追随身高七尺却缺乏领导力的人。人们只会追随真正的领导者，而你能成为一个真正的领导者。"

对年长的男孩

在做出了参加一个夏令营的决定后，你的儿子得知他大学的学费又上涨了，这让他颇感沮丧。出于对凑不够学费的担心，他变得很泄气。

遇到这种情况，妈妈典型的做法是安慰他说："我真替你难过，但一切都会好起来的。事情总会变好的。"

而我建议她说：

"从某种意义上讲，我替你高兴。你决心帮助他人，并没有想到会有意外的代价。这是一个挫折。但你只是根据已知的信息行事，而且你做的事是正义而高尚的。我的经验告诉我，在这种情况下，如果你向上天祈求智慧，上天一定嘉赏你。我相信上天会帮助你，同时我也相信你有能力认识到该如何去做。"

对于年龄较大的男孩，做妈妈的一定要让他独立，以体现对他身为一个成熟果敢的男人的尊重。这些珍贵的机会能让他感到，你的确将他看成一个男子汉。放手让他自己去做事并不意味你是个对孩子漠不关心的母亲。相反，这让他有机会自己凭勇气克服沮丧，也能让他自己发现自己战胜挫折的能力。

当孩子遇到挫折，灰心丧气的时候，妈妈鼓励的话语能起到最好的作用。但这些情况往往很复杂。在开口前，做妈妈的需要问自己：我要说的话在他听来会是尊重还是贬低？这些话会让儿子觉得他自己能力不足，自尊受伤，还是会感到倍受尊重？

我那位做早教咨询师的朋友认为"要相信男孩能比他目前的表现更好，这是对他的尊重。如果一个男孩行为不当的话，合理的方法是对他说：'这种行为并非出自你的本质。我希望你能做得更好一点'（或与之类似的话）。"

将认可他的领导力和决断力作为一种塑造孩子个性的手段。

祈愿：我可曾为他变得更强，拥有领导力和决断力而祈愿？

对年幼的男孩

与他一同祈愿：

"上天啊，你了解鲍比想在体格上变强壮，并以刚强积极的精神去影响其友人的愿望。上天啊，我尊重他的愿望，也知道你会在未来的日子里嘉赏他的愿望。"

对年长的男孩

让他知道，在选择读哪个大学的问题上，你在为他默默的祝福，问问他是否需要你的建议和支持。

当你与年龄较大的儿子发生冲突时，你可以说：

"我们的关系有点紧张，然而，我并不是不尊重你，你也不是不尊重我。让我们花 5 分钟的时间各自冷静一下。你不用非得同意我的观点，但让我们以尊重的心态讨论一下。你需要我的尊重，我也需要你的尊重。这对双方都公平吧？"

以一位母亲的切身经验作为本章的终结是合适的。她在信中同我分享了她与自己 7 岁儿子的对话：

妈妈：我尊重你。

儿子（脸上浮现出纯真的微笑）

妈妈：你知道尊重意味着什么吗？

儿子（摇了摇头，以表示自己"不知道"）

妈妈：这意味着我以你为荣，意味着我觉得你是可敬的，是一个强壮的男子汉。

儿子：（腼腆地笑着，背挺得更直了）谢谢你，妈妈。

妈妈：你更想听哪句话？是"我以你为荣，觉得你是个强壮的男子汉"还是"我爱你"？

儿子：以我为荣，觉得我很强壮。

第8章

智慧：尊重他分析问题，解决问题和提供建议的愿望

与男孩的智慧相关的话题

我喜欢这位母亲在诱导儿子的洞察力，劝导力和解决问题能力等方面所表现出的精明：

当我的儿子们还是少年的时候，他们非常喜欢别人问他们的看法——尤其喜欢我倾听并认同他们对事情的见解。例如：

> 我想买一部新手机。你能帮我做些研究，然后给我推荐几款吗？
>
> 这些假期照片我不知道该留哪几张才好，你能帮我挑一下吗？
>
> 我想下载一些新的音乐到我的MP3播放器里，你能给我推荐一些符合我品味的音乐吗？
>
> 你读报纸上谈论新大桥的那篇文章了吗？你对城市规划有什么看法？

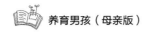

　　另一位妈妈在刷墙时会征求儿子的意见，从这件事中我能看到她的聪慧。她写道：

　　　　当我在粉刷院子里的一面墙时，我 11 岁的儿子告诉我，用一个特别的小技巧就能让刷子变得平滑。我都刷了很多年的墙了，当然也知道这一点，但我还是会利用这个机会对他的建议和帮助表示尊重和感谢。

　　男孩渴望表达他们的洞察力。洞察力指的是他们分析问题，解决问题和提供建议的倾向（尽管他们并非始终有这种能力）。你上一次表扬儿子有洞察力是在什么时候？我这么问是因为，男孩表达自己的见解时往往显得很固执，因此做母亲的不会以开放的态度接受他的见解，甚至会拒绝或贬低他的见解。双方交流时的紧张气氛也会导致受挫的母亲错过运用尊重话语术的机会。由于她感到有必要纠正他说话的方式，便连他提出的答案本身也一并忽视了。她把他的分析搁到一边。最后，做母亲的只热衷于纠正他在人际关系上的不足之处，却不再注意他呈现的有利见解。

男孩解决问题的倾向

　　一位妈妈在给我的信中谈到了发生于她参加"爱与尊重"讲座之后的一件事。她 10 岁的女儿与 12 岁的儿子在车里吵了起来，原因是她的女儿问了妈妈的一个问题，而她的儿子出于好意，试图回答这个问题。女儿粗鲁地拒绝了儿子的回答，她冲他大声说道："我问的是妈妈！"男孩被妹妹拒绝的态度所震惊，他让大人停下车，然后自己默默地坐到了后排。那位妈妈写道，在往日，她会让儿子自己恢复。但这次她先给了儿子几分钟时间独自沉默，之后便让妹妹向他道歉。又过了一会儿，她问他愿不愿意回答妹妹的问题，他很高兴地回答了。

这种情形对做妈妈的来说可能会很难处理。有时，当一个男孩向自己的家人（例如妹妹）表达自己的见解时，对方可能会突然发火。因为人家并没问他。妈妈更关注的往往是男孩的行为，而不是他说了什么。当自己的观点受到轻蔑时，男孩会感到受伤，沮丧和愤怒。而母亲更关心的却是他的反应，而不是促使他做出反应的原因。

然而，如果做妈妈的能留意男孩通过分析问题和提供答案来帮助别人的倾向，她便能更好地理解儿子。这能帮助她更好地理解他讲话的方式——因为他是从解决问题的角度出发的。她也能由此明白，为何当他的见解不被看重时，他就会做出消极的反应。

不是错误，只是不同

与丈夫和儿子相比，女人更容易从同情心出发去看问题。她可能会同情一个克服不了自己悲哀情绪的人，而她的丈夫和儿子则会尝试通过解决这个人的问题来帮他克服悲哀情绪。这体现了男人的品格：当涉及别人的困境时，他们首先想的是找出解决之道。

我的朋友肖恩蒂·菲德翰曾亲口告诉我，尽管妻子们在心灵受挫时会寻求情感支持，但她的研究表明，80% 做妻子的都愿意立刻赞同自己丈夫给出的建议。男人善于解决问题。我曾问过一个女人："在这种时候，为什么你们不说'你的见解和解决方式都很棒，但此刻我只想有个人听我倾诉。如果有人分担我的烦忧，我会觉得好很多。多数情况下，我知道自己该怎么做。'"不幸的是，仍然有一些做妻子的会对丈夫怒吼："别再来教育我了！"

你的儿子也会以同样的方式向别人提供建议，因为他愿意去帮助别人。遇到这种情况，做妈妈的首先应该感谢他的好意，然后再以尊重的方式对他说："现在你妹妹更需要的是有人倾听她。"对他的见解切莫报以轻蔑，他所做的乃是出自上天赋予男孩的愿望。

男孩永远是理性的吗？

有位妈妈曾对我说：

> 爱默生先生，我真不明白我的儿子在想什么！他做事时应该想得更周全一点，做决定时应该更聪明一点，对别人应该更关爱一点，听笑话时思路应该更清晰一点。在他说话，蹦跳，把球扔到吊扇上，穿着皱巴巴的格子衬衣和裤子吃早餐，将玩具饺子皮放到微波炉里，把垃圾袋当降落伞玩，在社区附近的街道飙车，被朋友怂恿喝酒……之前，都应该动脑子想想才对啊。

从词源上判断，许多人会把"sophomore"（高二学生）这个词看成是一个合成词"聪明的傻瓜"。一位聪慧少年转瞬间就能变得迟钝无比。在这个词中，sophy的词缀意思是"智者"，"成熟周密的"（sophisticated）一词即由此而来。而有人认为 moros 的词缀意味着"愚蠢"或"傻气"，这个词缀衍生出的一个词是"笨蛋"（moron）。这精确地概括了 16 岁的少年人的特征。一位 16 岁的少年周一可能会表现出超乎年龄的智慧，而周二则会做出 5 岁小孩都不屑干的蠢事。男孩常常会让我们沮丧不已，当然，青春期的少女也是一样。

但妈妈们一定要在他的愚行中留心他的智慧，**赞扬他的智慧能约束他的愚昧**。当他表现得聪明有见识的时候，她务必要给他口头表扬。

妈妈们会反应过度吗？

男孩们的愚蠢有时会令妈妈们做出过于消极的反应。如果她对儿子的缺点过于苛责抱怨，就会忽略他的良性思维。如果她对他使气发怒，让他感到自尊受挫，那么儿子可能会因此而陷入沉默之中，这样一来，她将失去他的心。

一位妈妈对我说：

如果我的儿子做了什么不值得我尊重的事，我很快就会陷入失望的牢笼中。甚至会像你提到的那样，对他充满鄙视厌恶。我会觉得，天哪，他永远都是这样。然后我会觉得自己是个不合格的母亲，因为我会觉得他的行为是我的错误间接导致的……这之后，我失望的情绪没准儿就会释放出来，我也知道儿子肯定能觉察到这一点。看到他变得泄气，情绪低落真让人难受……正如你指出的那样，我们曾寻找和运用过爱的方式，但也许更重要的是寻求机会／方法表达

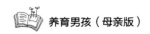

对儿子的尊重。

一位妈妈可能会觉得儿子对妹妹不够贴心，但这并不能说明他真的是个冷漠的人，也不能证明他就是错的。有些妈妈偏执地认为儿子很冷漠，而事实上正因为他热心才会积极提供解决之道，只是他处理事情的方式与当妈妈的方式不同而已。

控制负面情绪与敌意

妈妈们很容易承认，在家庭中，她们往往会被负面情绪所左右，特别是对待儿子的时候。很多妈妈都对我说，相比儿子做对事时给她们带来的快乐，她们感受更多的是儿子做错事时带来的烦恼。毕竟，他们做正确的事是应该的，这有什么好庆祝的？相反，他不应该做错事，做错事就需要被纠正——立刻就得被纠正。

我想请每位妈妈想想，当儿子表现出聪明和愚蠢时，做妈妈的各有什么反应？相比儿子的智慧，她是不是更专注儿子的错误？当儿子犯傻时，她是否会以消极的态度对待他？而当他展现出非凡的聪明时，她的态度是否不那么积极？她是否需要摆脱自己阴郁消极的态度？因为做妈妈的在养育孩子时，自然会关切孩子所犯的错误。如果她只盯着孩子的短处，就会错失表扬他智慧的良机。

当孩子的年龄渐渐增加的时候，妈妈就不能一直像他很小的时候那样，满足于当一个"直升机妈妈"。在他蹒跚学步的时候，确实需要做妈妈的时时俯视他，管着他，以免他磕碰。**但随着男孩的年龄渐长，妈妈必须由**

控制转到劝导和放手上来。

我曾收到过一位"直升机妈妈"的来信。她的儿子年龄已经不小了，但她依然时时怀着恐惧之心俯视着孩子，一旦发现他有什么"劣迹"，立刻就会试图改变他。对于要把孩子培养成什么样子，她有自己的打算。她致力于按自己的意愿去改变孩子。遗憾的是，她对孩子身上所有格外美好的素质都视而不见。如果继续保持这种俯视姿态的话，可以预见，只要有机会，孩子就会选择待在外边，而不是家里。家会让他想起所有他无法令母亲满意的地方。尽管这位妈妈的出发点是好的，但这些动机只会让她背离自己的期望——拥有一个快乐亲密的家庭。

我认识一个女咨询师，她曾评估过一位"直升机妈妈"。那位妈妈有两个儿子，一个 17 岁，另一个 19 岁。她认为那个家庭充满美好的品质，而那位妈妈却看不到。两个儿子的约会对象都是有坚定信仰的女孩，但妈妈认为其中一个女孩太安静了，她担心儿子与她在一起，两个人花在社交活动上的时间会太少。另一个儿子选择在家族企业中工作，但妈妈担心的是他没有读大学，太容易流露出焦虑情绪，又抱怨他太莽撞，才 19 岁就自己搬出去住了。

我的这位咨询师朋友给她的建议是什么？

"我会鼓励她将儿子的美好品质和明智决定列一个清单，并每天为此而感谢上天。她应该把这些当成是自己（和丈夫）养育他们的回报。她的一位儿子，尽管被焦虑困扰，还是选择离家独立生活（母亲的焦虑是否影响了他？也许他感到自己有必要换个环境）。他们所做的事与他们的年龄是相符的。难道她真的想让孩子们一辈子都住在家里，活在父母的羽翼下吗？"

妈妈们，把眼光放积极一点吧，如果你们还没这么做的话。接下来是

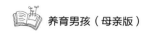

一些积极运用尊重话语术的建议：

将 G.U.I.D.E.S. 法则与男孩的智慧相结合

奉献：为了帮助他分析问题，解决问题及提供建议，我能奉献些什么？

对年幼的男孩

教育孩子养成良好的理财习惯。让他明白，你尊重他的理财思维——包括如何省钱，如何花钱，如何分享财富，等等。

对年长的男孩

为他买一套戴夫·拉姆齐的《毕业生生存指南》，这将让他为大学生活做好准备。你可以对他说：

"我尊重你分析信息及利用你的结论去解决问题的能力，我送你的这些资源能增强你的理财能力。"

把钱投资在这些能增强他思维能力的资料上是值得的。我的曾孙杰克逊只有 4 岁大，他很喜欢做迷宫游戏，因此乔纳森和萨拉买了与解谜有关的书。这有助于提高他处理复杂事物的能力，他会善始善终地思考问题。

如果妈妈能利用自己的资源发展儿子解决问题的能力，该是一件多么棒的事。现在开发男孩思维能力和解决问题能力的资料数不胜数，你可以根据自己孩子的年龄上网搜寻合适的材料，购买这些材料将是有趣且值得的。

理解：我能理解他在提高自己分析问题，解决问题及提供建议方面的努力吗？

对年幼的男孩

当他在解数学题上花费了许多心思之后，他还是解错了。这时你是否会告诉他你理解和尊重他的怒气和焦躁？

你可以对他说：

"我尊重你分析和解决数学难题的愿望。我尊重你努力做好事情，寻找答案的努力，也能理解你此刻的沮丧。"

对年长的男孩

当他女友的祖父过世时，你能理解他寻找合适的话语安慰女友的努力吗？你是否会对他说：

"有时我们什么都无法表达。最贴心，最尊重的方式就是静静地聆听，并让她明白你会为她祈祷。你可以这么做，我尊重你。"

试着去理解他的观点并不意味着你必须同意或改变自己的看法或行为，这只说明你尊重他表达自己观点的权利。你可以对他说：

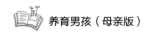

"我知道你在认真考虑这个问题，并很有信心找出答案。"

哪怕忙碌的生活让你分心，你也应尽可能认真地倾听儿子的观点。当你倾听他的想法时，他会觉得自己受到了尊重。当你对他说的话做出回应时，他就会放松很多，尤其是在他对自己的观点感到很紧张的情况下。当你误解他的时候，他甚至可能会纠正你。

指引：我能指引他去分析问题，解决问题或提供建议吗？

对年幼的男孩

当女儿问你一个问题，他却莽撞地给出一个答案时，你应以尊重回应他。告诉他，他应问问妹妹是否想听他的答案，因为妹妹问的人是你，而不是他。同时，对他好意帮助妹妹的举动应表示谢意和认可。

对年长的男孩

当儿子的朋友邀请他去家里过周末，而你知道他朋友的父母都不在家的时候，你可以对儿子说：

"你我都知道，朋友邀请你过去不单是简单的交际活动，还会有别的诱惑。你是个令人尊重的男子汉，我不能一天 24 小时都管着你。在某种程度上，上天命令我信任和尊重你自己的决定。但根据我的经验，你最好还是拒绝这些邀请，凭勇气忍耐他们对你的嘲笑。而且，遇到这些情况，我建议你自己找点更有乐趣的事干。我给你点零钱，让你这周末带弟弟去看棒球比赛怎么样？"

通过问他问题，儿子会把自己看成是一个问题解决者。当他能自己找出答案的时候，为什么还要告诉他答案？妈妈可以问他："你有什么想法？你怎么看？"尊重他的思考过程。多问他几个问题，而不只是问一个问题。即使他答错了，也不要责怪他，而应问："你为什么这么想？"你随时都可以问："从哪儿我们还能得到更多信息？"你可以帮助儿子提前思考，例如问他"如果我们那么做的话，你觉得会发生什么？你能预测一下将要发生的事情吗？"

当男孩脱口说出"妈妈，有什么错吗？"时，你会留意他的智慧吗？还是只会感到冒犯？当他对你喊"妈妈，你得冷静一点"时，你会觉得他很无礼吗？当你倾听他说话时，他竟说："妈妈，你对我们要求太严苛了。你是不是指望每件事，每个人都完美无缺呢？"如果他说的话没错，你能否客观地看待他的意见呢？

督责：当儿子显得太没教养或太愚蠢时，我该如何督责他？

对年幼的男孩

你能看到家人的短处。我尊重上天赋予你的这一能力。是的，你的姐姐不该情绪失控，我也不该在烤汉堡包的时候走开，否则它也不会烧焦。我赞赏你的批评。但我也得提醒你一下，你昨晚没洗盘子，

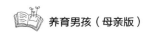

你洗澡时浴盆的水溢得满地都是，也没有把用过的湿毛巾拿开。作为一个可尊重的男子汉，你需要知道这个格言："正人先正己"。当你批评我们之前，我希望你自己也更有教养一点。因此，今天虽然不该你洗碗，但你还是要洗碗。不要抱怨我不公平。

对年长的男孩

我们谁都有发脾气的时候。有时发怒是件好事，如果你是为不公正的事情而发怒，那么你的愤怒是值得尊敬的。但有时候，只是因为你没得到自己想要的东西，你就大发雷霆，这时你的怒气与不公正无关。因为我没给你洗篮球服，已经上高中的你居然就满怀怒气，还以危险的方式开车，这并不是合适的理由。因此，我罚你接下来的一个星期都不准驾车。除了工作外，这周末你哪儿也不准去。你是个可尊重的年轻人，但你的这些行为却有悖于你平日展现的智慧。

即使当男孩表现得愚蠢而无教养时，妈妈也不能流露出轻蔑的语调和表情。因为轻蔑毫无效果。一位妈妈曾对我说：

在教育儿子时，应该把爱与尊重结合起来。正是这一建议才开始让我关注尊重的意义。过去，当我斥责儿子时，他听到的是我的轻蔑，而不是督责。我的声调和面部表情立刻会让他忍不住去想妈妈是不是还爱他，对我的话语本身他反而不关注。而当我不再使用严厉的声调，以充满尊重的目光和声音表达我对他的行为的关切时，他们的回应也不再是泪水和情绪崩溃，他们随即就会改正自己的行为。这真是奇迹！

当你管教孩子的时候，不妨以尊重的话语开始。一位老师给我写信说：

我知道多年来我都没能给我教的孩子们他们所需的东西。但现在，我忽然获得了一样能用于教学的新工具：尊重。我班级上的男孩子对我的回应十分积极，哪怕在我必须管教他们的时候也是如此。现在，对他们说话时我总是以尊重的话语开场："我希望你们知道，我真的非常尊重你们的好胜之心和对自己能力的自信。"当我接下来纠正他们的行为时，他们就更为积极地配合。

当你纠正儿子的愚行和无礼时，请听听这位教育顾问的建议。他对我说：

我确实有一个理论，这个理论在实践中似乎还挺管用。在管教男孩子时，最好给他分配一项任务，而不是剥夺他的某项特权。我的理论就是，给男孩分配任务体现了对他的尊重。这等于是对他说"我相信你能完成一些有价值的事"。

我也鼓励教师给男孩分配一项他们能一块完成的任务。因为多数能把老师气得发疯的男孩在长大后或许也很难与别人相处。而"跟我一块做任务"的方式会向他传递这样的信息："我对你有足够的尊重，因此我也相信你的责任心。我也特别喜欢你，因此我愿邀请你跟我一块工作（分享肩并肩的情谊）。"

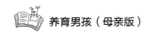

我建议在向男孩分配工作时，同时也交给他一个问题。例如：

"我们后院有不少原木，我们得把它们弄到车库去。你觉得最好的办法是什么？"这样一来，他在得到管教的同时，也解决了一个问题。

当他遇到无法解决的问题，或无法按成人的思维方式实现你的期望时，你是否会觉得他是在故意跟你犟嘴，以至于去伤他的自尊？你或许需要仔细思索一下，你对孩子抱有什么样的期望才是合理的——例如，孩子所面临的问题是否超出其理解能力之外，或他根本无法那么长时间集中精力？妈妈消极而伤人自尊的回应方式并不能使孩子更成熟。

鼓励：我能鼓励他保持分析问题，解决问题及提供建议的积极劲头儿吗？

对年幼的男孩

你留意到你的儿子有完美主义倾向。你发现，他总是试图弄懂过于复杂的迷宫图，结果常常使自己陷入沮丧之中。以前你会说："得了吧，这也没什么大不了的。"现在你则会说："我尊重你积极解决问题的愿望，你很用心地分析这些迷宫图。尽管我觉得你需要控制一下自己的情绪，你决心找出正确路径，发现迷宫出口的决心还是值得表扬的。令人尊重的男子汉就是这样努力地选择正确的道路的。"

对年长的男孩

当和妹妹有冲突的时候，他感到很挫败，因为没有被得到尊重。这个时候，当妈妈的可以这样说：

"儿子，我尊重你的坦诚、智慧和乐于助人的愿望。谢谢你。但早些时候你对妹妹发脾气的时候，真把我们吓坏了，我们看不到你的智慧。我建议你遇到这种时候对妹妹说：'我知道答案，如果你有兴趣的话，我愿意分享一下我的想法'。这样一来，她便会欢迎你的建议，并以更冷静的态度倾听你。的确，她本该乐于倾听你的想法，也应该为自己的态度向你道歉。我想如果你能采取我的建议，她下次态度也会更柔和。我鼓励你这样对待妹妹。谢谢你倾听我。因为这一点，我尊重你。"

妈妈们有这种言语天赋，在帮孩子冷静下来，变得更有耐心，更慈爱的同时，也赞美他的智慧和坦诚。但她必须留心她与孩子交流时流露出的不尊重，因为她不会像他那样，以尊重为标准去选择自己的言语。她所见的是"粉色"，而他所见的是"蓝色"。他希望自己的想法能得到尊重，当别人不尊重其想法时，他就会发火。他全心全意帮助别人，为别人提供别开生面的信息的愿望也会被抛到窗外。

以下是一些以尊重话语术鼓励男孩的方式：

对学龄前儿童（2~4 岁）:你的小脑瓜懂得很多事，这让我很佩服。

你能辨别颜色，能辨别事物的差异，你会数数，知道不同的形状，你还会解谜，等等。此外，你还懂得如何与他人合作，并遵守秩序。

对学龄儿童（5~8岁）：我在你身上看到一些变化，这让我尊重你。以前你常说"我什么也做不好。"现在你说得少了。你意识到在某一方面缺乏智慧并不等于你没有智慧。事实上，你有充裕的智慧和知识。谁也无法对所有的事都了如指掌，只要可以做到尽我们所能而学。我看到你就是这么做的，这一点令我尊重你。

对低龄少年（9~12岁）：我尊重你思考的方式。例如，那天你说，当我和爸爸用最后的两个星期外出旅行时，你自己可以做很多事。在考虑每个选项时，你都会分析它们的优劣。这些选项都不错，但你还是想做出对自己，也对他人最有利的抉择。这一点我非常喜欢。

对中龄少年（13~15岁）：哇，你的方案非常棒。我很尊重你的提议。但我认为，目前对你妹妹来说，首要的解决方案就是让她明白，你很在意她的难过。她现在需要你的支持，但你的建议很有道理。谢谢你。

对青春少年（17~18岁）：当我开车的时候，你及时指出了一些我不知道到的状况。我看到一个警察让别人把车停在了路边，自己居然还不知道该切换车道。谢谢你，不然我又得交一笔罚款。

对青年（19岁及以上）：我尊重你对情谊的见解。你说的某些话很深刻，是我以前从没想过的。你说："我们都想遇到正确的人，却不想把自己变成正确的人。"这话说得真的太好了！

一位来自密歇根的女士分享了她喝咖啡时，她16岁的侄女和18岁的侄子之间的对话。她的侄女说起了一件事，她的侄子问道："你需要我帮忙吗，还是你只是自己说说而已？"她回答说："我只是自己说说。"于是那位男孩靠在椅子上，不再说什么。这位女士觉得她的侄子侄女从父母那里学到了很多爱与尊重的话语。但让我惊讶的是，这位女士对这两个孩子竟什么也没说。对那个男孩，她并没有使用尊重话语术。他回应妹妹时所表现出的智慧竟无人赏识。

祈愿：我会为他获得分析问题，解决问题及提供建议的能力而祈愿吗？

对年幼的男孩

当他在需要帮助的时候，你可以告诉他，你从心里默默为他祝福，并且让他知道，他可以自由选择任何一项体育活动，因为你很尊重他。

对年长的男孩

你那半大不小的儿子对你说，他不知道自己应该有什么信仰的时候，当妈妈可以这样说：

"我很理解你的困惑，但是我不会因此而轻视你，相反，我很尊重你。我相信，随着时间的推移，你自己的经历和成长自会帮助你早日找到自己的信仰。"

当儿子的缺点或过错伤到妈妈的心时，她不能因他的不完美而轻蔑地贬低他。她无权这么做。当他没能正确地分析问题，周全地解决问题，聪慧地提出建议，从而没能依照男孩应有的六大品德行事时，她应克制住自己，不对他使用轻蔑的话语。好消息是，如果妈妈在纠正孩子的缺点时能在自己的行为中传达对他的尊重，那么她就能达到最佳的平衡。

第9章

情谊：尊重他获得肩并肩的友谊的愿望

"我们现在能别说话吗？"

很多妈妈在自己的儿子4岁大时会写信给我，她们讲给我的故事往往与下面的故事类似。她们想知道，自己的宝贝儿子究竟是怎么了？

在参加完一次讲座后，一位工作人员走来照看我们的两个孩子（一个12岁的女孩和一个4岁大的"小捣蛋"）。之后，我们问强尼，他与那位工作人员有什么互动。

"你们玩游戏了吗？"

"是的，妈妈。"

"什么游戏？"

"藏宝游戏。"

"藏什么宝了？"

"玩具。"

"什么玩具？"

"我的玩具。"

"你的姐姐莴莴也参加游戏了吗？"

"是的，妈妈。"

"最后你们找到玩具了吗？"

"是的，妈妈……我们现在能别说话吗？"

很多妈妈都听到儿子说过"我们现在能别说话吗？"这些男孩怎么了？作为男性，他们对妈妈感兴趣的话题其实没多少话要说。有趣的是，妈妈们为了弄清楚问题所在，就需要更多信息。为了弄明白具体状况，她必须问问题。但是她的儿子对再把事情复述一遍并无太大兴趣，只是她自己觉得有必要这么做而已。他已经准备开始下一项活动了——已经过去的事还有什么好谈的呢？

尽管有的男孩也会与别人（例如爸爸）整天说个不停，但研究表明，男性在家庭中的谈话模式与女性完全不同。多数男孩在面对妈妈的问题时显得更为安静。妈妈们对这些问题也许很热心——她们怀着欣赏的态度和浓厚的兴趣——却往往被男孩不胜烦扰的表情弄得不知所措，因为妈妈不停地发问，弄得他们也很烦。

在我们的儿子大卫上五年级时，我的妻子萨拉和我都很难理解他为什么没兴趣敞开心扉跟我们交流，好让我们能为他提供出色的建议和智慧。萨拉还记得，上学第一天她接他回家的时候，他们之间的对话。她问他：

"你今天过得怎么样？"

"不错。"

"有什么活动吗？"

"没有。"

"有什么有趣的事吗？"

"没有。"

第二天，我去接他时，情况也差不多。

"大卫，今天过得如何？"

"挺好。"

"你在学校干什么了？"

"没干什么。"

"有什么有趣的事吗？"

"没。"

第三天：

"大卫，今天过得怎么样？有什么有趣的事吗？"

"没有……"

第三天，大卫望着妈妈，温柔却坚定地说：

妈妈，我有话对你说。每天都是老样子。如果有什么变化的话，我会告诉你的。

于是萨拉决定不再每天都提出"妈妈20问"。但时不时地，她还是会试着让儿子开口讲话——但依然没什么效果。

那时她经常会对我说："我真的不理解大卫。他根本不会按我的期望那样跟我说话。"那个时候，我们还不太明白男孩与女孩同父母交谈的方式是不一样的。举个例子，一般来说，与男孩相比，女孩对自己的感受谈论得更为频繁，包括她们对自己日常生活的感受，等等。根据我的观察，这种行为模式很早就会显现。而在典型情况下，男孩往往记不得所有谈话的详细内容，因此也不像女孩那样渴望与别人交流。对萨拉来说，问儿子"今天过得怎么样"之类的问题再正常不过了。而对大卫来说，不想谈论这样的问题也十分正常。萨拉常说，她真希望在五年级的时候就能明白这一点——当然是大卫的五年级。

后来，当大卫已进入青春期，我们在婚姻讲座中讲授爱与"尊重法则"时，萨拉发现，**想要与儿子建立亲密关系，很重要的一点就是避免直接向他提出问题，而是与他一起肩并肩地从事他感兴趣的活动。只需与他在一起，无须说太多话！**

并肩而坐，无须讲话

当妈妈咄咄逼人地让儿子谈自己的感受时，情况就用像磁铁的正极去靠近另一块磁铁的正极一样，最终，她还是会排斥儿子。这是母子间相处时的物理法则。只有她以不那么咄咄逼人的姿态接近他时，她才能吸引他。

　　女性的一个本质信念是，贴心的关系来自交谈。交谈的话题往往是过去一周内，那些妨碍双方关系的因素。坦诚地说出自己的感受带来的是融洽。字典对"融洽"一词的定义是："一种亲密和谐的关系。在这种关系中，各自会留意对方的感受和观点，且有良好的沟通。"

　　我想，这也是妈妈们心中理想的母子关系。对妈妈们来说，没有沟通就没有理解和亲密，双方缺乏感情联系会让她感到烦恼。她想对儿子说"我们需要谈谈"，也正是出于这个原因。但她知道这么说太直接了，因为她会问他一些问题。萨拉将这些问题称为"妈妈 20 问"。对做妈妈的来说，她觉得这些问题是关心的体现。在她脑中，她对儿子说"来，咱们谈谈"并不具有什么强迫性，但儿子往往会抗拒她们的问题。这让她们倍感困惑无助。

　　举个例子，当女儿因自己在学校受不受大家待见的问题而烦心时（这种事差不多每天都会遇到），她本能地知道，妈妈想了解她的感受，以替她减轻压力。与妈妈的交谈能缓解她的烦恼，交谈过后，她会觉得好很多。

　　而男孩发展融洽关系的方式与之不同。**男孩之间的关系是完成某项任务时，在肩并肩的共同活动中形成的。**例如，男人最好的朋友往往是共同"战斗"的伙伴。**男人间的情感联系来自共同参与的活动，而不是谈话。**对男人来说，谈话只是紧密联系的结果，而这种紧密联系则来自于肩并肩参与活动。

肩并肩的情谊产生交流

　　男人之间从不说话吗？在彼此尊重和信任的好友之间，当然是有交流的。但他们谈得更少，而且谈话的方式也不是女人们喜欢的那种。著名的语言学家黛博拉·坦南曾做过一个研究，在这份研究中，她以四个年龄组的男性和女性为目标进行了一系列的实验，每组实验对象都是彼此的好朋友。这些人分别是二年级学生，六年级学生，十年级学生和二十岁左右的青年人。实验过程对所有人都是一样的：每组实验者单独走进一间屋子。他们被告知坐在椅子上，等候指令。研究者在实验者不知情的情况下，用视频记录下他们的一举一动。随着实验的进行，研究者发现，所有的女性，无论年龄如何，都做出了相同的反应。她们面对面坐下来，身体前倾，开始谈话。而男性的反应则与之不同：他们并不是面对面坐着，而是并排坐着，目视前方，只是偶尔才看彼此一眼。由于女性会转身面向彼此，甚至会调转椅子的方向，好面对面地交谈，研究者推测说她的谈话应该是非常私密的。

这个结果并不令我意外。当男人并排而坐时，他们的谈话是公开透明的。男人并不害怕透明的谈话，他们害怕的是丢脸，被拒绝或被训话。他们怕失去尊严。

这对妈妈们有何启示？为了让儿子开口同她谈话，她必须采取迂回的策略。一位妈妈写道：

我终于明白为何我与儿子交流会如此困难了。他常常说我不明白他说的话，说我们之间没法交流。于是，我开始在坐在沙发上，在他的旁边（肩膀挨着他的肩膀），什么也不说，静静地看他打电子游戏。（是的，的确有奇迹！）他显得如此幸福。这个重大调整改变了我们的关系。那天我们一块出去吃了午餐，他一直在不停地讲话，在这之前，我们的交流却很不顺畅。哇！这是多么了不起的进步！

你注意到她的话了吗？"他一直在不停地讲话。"男孩们会开口讲话，但只有在感受到母亲并肩相伴的善意后才会这么做。因此，**妈妈们必须学会同儿子肩并肩，而不是面对面地交流谈话。**

以下是来自另一个母亲的发现：

> 在从学校接他回家的路上，我已经不再像过去那样试着问他问题了。我只是脸上带着大大的微笑欢迎他："见到你真高兴！"之后就让他自己决定要不要说话。我也会每天放下手里的活儿，花点时间陪着他，认真听他说话，当他告诉我某些事情时，我会保持专注，而不是一边做别的事，一边听他说。

另一位妈妈说：

> 最近发生在我孩子身上的一件大事是，他开始进入青春期了。从他上一年级那天起，这一点让我在情感上一直很难接受。他的改变让我有一种失落感，睡前的摇篮曲突然中止了。他身体受伤时不再需要我的抚慰，他对我的依恋感也逐渐消退。过去的几个月，当我思索这件事的时候，我意识到，我需要调整一下我们的关系。我在某本书上读到过，一边做任务，一边与男孩谈话效果会更好，而与女孩谈话时则最好坐在沙发上。于是我开始烘焙饼干。当然，男孩们很喜欢吃它们。

但当你亲自动手搅拌糖、面粉和其他配料时，就是另一回事了。所以我独自开始烘焙，而没有邀请儿子加入。他注意到了我的举动，先是静静观看，后来也参与到烘焙中来。我们一起谈到了我们的家庭，我成长过程中我母亲的角色、学校、梦想和其他很多话题。当儿子将饼干皮一个个裹上肉桂糖滚成球的时候，我逐渐开始了解他头脑中的想法。我们把十个饼干放进烤箱里，烤熟后取出来，并品尝了一些。那真是个有意义的下午，敞开心扉交流的美妙时光。他的感觉一定同我一样，这一切只是因为我肯放慢脚步，给他自由的空间。

肩并肩与儿子一起进行他喜欢的活动能营造亲密之感。男孩们也希望与妈妈交流。

并肩交流能促使儿子更积极地回应妈妈

当妈妈开始采取"肩并肩"的策略时，美好的事情很快就会发生。假如有这么一位妈妈，她有两个儿子，一个 9 岁，另一个 11 岁。这两个孩子走到后院去捉迷藏。我建议这个妈妈也一起过去，花 15 分钟的时间看孩子们玩游戏。她只需静静地坐在椅子上观看孩子们游戏，不能做任何分散注意力的事。15 分钟过后，她可以回去做晚饭。很快她就会注意到孩子们的改变。稍后，她把孩子们叫回来吃晚饭，告诉他们洗干净手，把毛巾挂好。我敢说，孩子们立刻就会回应她。孩子们不会再像往日那样磨磨蹭蹭，他们会把毛巾规规矩矩地挂好（但在改变程度上，我不保证会出现奇迹）。

对他们的默默注视会激发他们的活力，并会让他们感到妈妈与他们更亲近。这令他们的心灵更为柔软，对妈妈的期望做出更为积极的回应。如果她能尊重自己的孩子，就能收到尊重话语术所带来的回报。这一发现让很多做妈妈的都感到欣喜无限。

一位妈妈对我说：

> 我的丈夫一周总有几个晚上与儿子们玩摔跤。孩子们对他脚下的土地都十分崇拜，而且总是想讨他喜欢。在纠正孩子的行为时，我也会试着模仿我的丈夫。我发现话越少，效果就越好。话越多，他们就越觉得自己不受尊重。如果我能与他们玩扳手指游戏，打电玩或肩并肩地坐在沙发上一句话也不说，过后他们往往会变得更宁静，更听话。学习以言语之外的方式与儿子们交流对我而言是一个充满乐趣的挑战。

并肩的交流能激发孩子的活力

当我的妻子萨拉有意识地将并肩相处的法则用于我们的孩子身上时，他们的年龄已经不小了。举例来说，乔纳森当时已经 20 岁，并拥有一辆自己的卡车。有年夏天，我们外出度假，乔纳森开车带着萨拉奔赴目的地，而其他人由我开车带着。萨拉决定，除非乔纳森开口讲话，否则她就不说话。除了是否该转弯，是否该为车加点油，是否该开空调之类的话，她什么也没说。真的！但她觉得那个假期是我们所度过的最棒的家庭假期之一。她只是与乔纳森并肩坐着，什么也没说，就已经营造了融洽的气氛。她无形中激励了乔纳森，他的行为变得比以往更贴心，更亲密了。

尽管这听起来很古怪，但妈妈们的确应该如此运用沉默的力量。鼓励男孩们交流和建立联系的秘诀就是花时间与他并肩相处。你们之间的关系需要多一点时间来浸润，只需并肩相邻而坐，无须说话。好消息是，妈妈们静默出现能让儿子的心灵更柔软，能改变和优化母子关系，使之更符合她的期待。

曾经有一位朋友问乔纳森："乔纳森，你妈妈过来跟你一块住了。她得花你多少钱啊？"乔纳森立刻回敬道："她是无价之宝。"这些话至今仍萦绕在萨拉耳边。对一个妈妈来说，这些话语也是无价的。

当他敞开心扉时，要尊重他的隐私

你会把关于儿子的敏感或私密信息告诉家庭的其他成员吗？这是否会令他羞愧？如果其他家庭成员没有权利，也没有责任帮助解决儿子的问题，那又何必要将这些信息告诉他们？为了"净化"他，你就该把他的个人隐私散布给别人吗，哪怕这会伤害他的自尊？当你将这些信息告诉别人之前，是否征得过他本人的同意？

女人们会谈论自己的人际关系。母亲们会谈论自己的孩子，会寻求情感上的支持。然而，一个男孩并不是没有感觉的机器人。传播他的隐私或让他倍感卑微，他会觉得自己的自尊深受打击。不明白妈妈为什么需要以这种手段来处理他面对的问题，他只会感受羞耻和无助。如果他亲耳听到你对别人谈论他的隐私，他会觉得你在背后捅他刀子。

尽管妈妈爱自己的儿子，想从别人那里寻求更多信息，但如果她这么做，儿子同样会感到羞愧不已。她对他的爱并不能成为她将儿子的隐私告诉别的女人的借口，这会削弱母子之间的信任。有些母亲奇怪为什么儿子会与自己疏远，一种可能就是，当她跟别的女人谈论他的隐私时被他听到了，他决定不再把自己的想法告诉母亲。

当妈妈在别人面前贬低他时，他会顿失自信。一位幼儿园老师曾对我说："当我对某个年轻妈妈夸她的儿子时，这位妈妈也许会说'什么？您在开玩笑吗？马切尔怎么可能会这么好？他在家里从来都不这样！'这时我总会觉得特别沮丧，男孩听到这话是什么感觉，我真是不敢想。"

对儿子说"对不起"

当一只公狼穿过另一只公狼的领地时，穿越领地的公狼在遇到占有领地的公狼时会主动示怯。它目光旁视，伏低身子，以示对领地主人的尊重和顺从。它们的眼神接触仅会持续数秒。它发出的信息很明确："我只是过路的，我不想与您争吵。我也不想战胜您，进而控制您的领地。"如果过路的狼胆敢直视领地主人的眼睛，那它的意思就是说："我对你既不恭敬，也不尊重。"双方立刻就能捕捉到这种"撕破脸"的气氛。如此一来，过路的公狼展示的就是对抗而非妥协的态度。它的表情和肢体语言会引发一场搏斗，甚至会导致死亡。

设想一下，一个 6 岁的小男孩不小心撞倒了一个小女孩，大人会对他说："你得对她说对不起。看着她的眼睛，请她原谅你。看着她！"对女人来说，这只不过是面对面的交流那么简单。她会认为，道歉时必须看着对方的眼睛。而对一个小男孩而言，出于男人的天性，他只会走到那小女孩的附近，然后站在那儿，低着头，小声地说："对不起。"

　　他与她眼神的接触只是轻轻一瞥。为什么？男性的特质使然。他本能地想避免眼神接触，以免传达给别人"我不恭敬你，也不尊重你"的印象。为了降低双方发生冲突的可能性，他会极力不去激怒她，因此他不会去直视对方的眼睛。他会以体面的方式行事，以免与他人发生面对面的冲突。遗憾的是，很多女人都会将他的举动视为不够恳切，甚至不可理喻。一般来说，女人之间发生冲突时，肢体上并不具备很强的攻击性。但男人则不然，在某些情况下，男人会放弃交流，诉诸武力。为了防止出现这种情况，男人会像过路的公狼那样行事：尊重且有诚意。我的妹妹安曾在信中对我谈起一位她做老师的朋友给她讲过的事情：

　　　　今天劳伦说，学校操场上有两个男孩打架。她把他们劝开了，并让他们对彼此道歉。他们脚尖踢着土，低垂着头，但就是不说对不起。她还说，如果她之前没有看过你的视频讲座，她也许会对那两个男孩说："看着对方的眼睛，跟他说对不起。"现在她不会这么做了。

一位领悟到其中道理的妈妈说：

　　　　有次，我的弟媳因为某件事让他的儿子向我儿子道歉。他的儿子道歉时垂着眼睛，低着头。你当然也能猜到她的话——"本，道歉时你要看着别人的眼睛！"我立刻对她讲了你书上的道理……也就是男孩的眼神接触可能会引发冲突的道理。

在这些场合，比男孩的对抗感更强烈的是他的窘迫感。男孩低着头不看对方还因为他想避免不安和羞愧，并不是因为他不够诚恳。一般来说，当女人之间进行眼神交流时，她们并不会因此感到不安或羞愧。凭借本能，她们能理解双方都在努力重归于好。

做妈妈的必须郑重对待儿子的过错。如果他真的表现得粗鲁无礼，那么他需要面对面地向别人道歉。但男孩们的冲突多数并不严重，因此最好对他说："**你是个受人尊重的男子汉，所以，你应该向他道歉。**"之后让他以自认为合适的方式去做。一般来说，他会迅速瞥对方一眼，然后垂着眼睛说："对不起。"

将 G.U.I.D.E.S. 法则与男孩的人际关系结合起来

奉献：为了帮他建立肩并肩的友谊，我能奉献些什么？

对年幼的男孩

他和他的小伙伴花了很长时间修建"城堡"。他们并肩劳动，宛如两个最好的朋友。让他明白你尊重他们的行为，告诉他，许多男人都会并肩作战，对抗敌人，问问他是否知道"并肩"意味着什么。可以送给他一副望远镜，好让他和他的朋友从"城堡"里观察敌情。

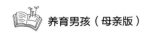

对年长的男孩

积极回应他刚入学就加入校足球队担任前锋的决定。当着家人的面表达你对他的尊重，因为他不仅是校足球队的一员，还将与其他队员并肩战斗，担当防御四分卫的重要任务。送给他一双他一直都想买的球鞋，以表彰他为进入球队，成为其中一员而付出的努力。在晚餐时将这份礼物送给他以示郑重。

理解：我能理解他为发展友谊而付出的努力吗？

对年幼的男孩

如果你发现你的儿子虽然想拥有肩并肩的友谊，却很害羞，你会对他不喜欢交际的倾向给予理解吗？你是否尊重上天对他不热衷于交流的安排？如果你发现他因为自己的交际困难而情绪沮丧，你能安慰他吗？在为他人服务方面，你能否为他提供具体的建议（如做义工），而不只是给他口头鼓励？这能让他领悟到，虽然他在某一方面有不足之处，但上天为他提供了别的方式来获得深刻的友谊。让他明白，有的人以言语吸引别人，而有的人则靠行动赢得友谊。

对年长的男孩

当他被足球队的"圈内人"排斥时，你能否告诉他，你理解他的受伤与愤怒？你是否会因他能认清谁真正有影响力和领导力，什么是真正的友谊而尊重他？你是否会告诉他，正因为受到排斥，他才能认清真正的男子汉之间的友谊该是什么样的？让他明白，我们不能与所有独特的人做朋友，但这并不意味着我们与其他人的友谊就不重要。事实上，你可以告诉他，那些所谓的"圈内人"10年后往往会为真正喜欢踢球的人打工。

说到你与儿子的关系，以下提供的一些策略能为你们创建有意义的沟通，并能为你们带来更良好的友谊：

> 今天来让我摸摸你的肌肉。
>
> 来个熊抱！
>
> 过来，看我挠你时，你能否忍着不笑。
>
> 来，让我把你背到床边。
>
> 往旁边挪一挪，让我也躺一躺。

指引：在学习和发展友谊方面，我能给他指引吗？

对年幼的男孩

当他与别人打架时，你是否会问他：

"你知道受人尊重的男子汉只在保护弱者时才与别人争斗吗？如果你有一个我很喜欢的冰淇淋，我不会打你并从你手里夺走它。这是

133

自私。但如果爸爸看到有人不但想夺走你的冰淇淋，并因此而打你的话，他就会用他的力量阻止那个人。"

对年长的男孩

你是否会对他说："我相信你，也相信你有能力赢得友谊，影响他人？"如果他是一名高中生，在交际方面颇感费力，你可以为他提供一些指引，帮他改善交际能力和影响力。举例来说，戴尔·卡耐基的著作中就有一些诸如"在不冒犯或惹怒他人的情况下说服别人"的原则。如果是我，我会买一些卡耐基的书，并找出那些能立即用于解决儿子在学校所面临的交际困难的部分。

当儿子迫切地需要获得相关信息时，妈妈能及时为他提供这些信息，是件十分美好的事，尤其是儿子认为妈妈提供的方法十分有助于解决他所面临的困难时。我记得我在大学时参加过一门讲相处之道的课程，这门课改变了我的交际方式。我并不知道原来我的人际交往也受某些理念的指引。你的儿子也许还不懂友谊的科学，但一旦他掌握之后，就会发现一个崭新的世界。至少对我当初就是如此。

督责：当他过于粗鲁或孤立的时候，我是否应该督责他？

对年幼的男孩

一个受人尊重的男子汉不会骂自己的朋友，如果有朋友这么对你，就是对你的不尊重。你希望别人怎么对你，你就怎么对别人。这是交朋友的黄金法则。

对年长的男孩

我尊重你的独立性，你显然有这种品格。但现在，你依然跟我们住一块，我们的朋友依然会来拜访我们。你对与我们共进晚餐的客人视而不见，当我们在客厅谈话时，不打招呼就离开，这显然与你平时的社交礼仪不符。当你对别人所做的事表现出兴趣，也让别人询问你的情况时，别人才会喜欢你。如果你希望别人尊重你，你就要尊重别人。

鼓励：我能鼓励他继续发展友谊吗？

对年幼的男孩

乔伊是小男孩在社区最好的朋友，他们在一起玩了整整3年。他很快要搬走了，小男孩难过得不能自己，于是妈妈对他说：

"这就是你真正令我尊重的地方。你是个看重友谊、令人尊重的男子汉。你的难过说明了你们友谊的深厚，如果你不在乎这份友谊的

话，你现在也不会如此难过了。我说这些话并不能消除你的难过，但我想让你知道，对我来说，你是个很了不起的榜样。"

对年长的男孩

上高二的儿子是校足球队的一员，他与球队的学长们关系很好。他们也很照顾他，举行活动时会叫上他。但随着毕业季的临近，他一想到他们即将离开，心里就感到无比难过。作为一个妈妈，你可以对他说：

"这对你而言是个十字路口。既然这些学长愿意接纳你，对你很友好，你能否以他们为榜样，在接下来的两年里对那些低年级的学弟也同样友好呢？我知道你肯定没问题。他们是受人尊重的男子汉，所以也会把你当成可尊重的男子汉。男子汉就应该效仿男子汉。"

祈愿：我会为他获得友谊而祈愿吗？

对年幼的男孩

告诉他，你会为他能获得友谊而祈愿。他也许会反驳你说："上天感受不到你的祈愿。"这时，你可以郑重地对他说：

"我相信你，我相信你懂得如何做一个好朋友。我知道上天也明白这一点，让我们试试看怎么样？"

对年长的男孩

让他知道你会为他的朋友祝福，也会为上天赐予他的朋友们的福分而感谢上天：

"你们对彼此很忠诚，你们彼此依靠。当有人心中难过时，你们会及时出现。你们为彼此带来欢笑，你们不会容忍欺凌。你们对足球队和篮球队的年轻学弟有积极影响，你们都决心成为受人尊重的男子汉。"

男孩交友的方式与你不同

一位妈妈对我说：

真希望当我的儿子们还小的时候，我就能明白这一点。我一直都觉得他们是外星人！有件事让我印象特别深，我的大儿子罗伯特对我说起一个他学校的朋友……他和罗伯特一起上过好几节课，所以他们关系很近。作为一个典型的女性，我自然有不少问题要问。

我问他：

"你说的那个'布鲁斯'姓什么啊？"

"我不知道。"

"他有兄弟姐妹吗？"

"我不知道。"

"他住哪里呢？"

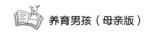

"妈妈，我不知道啊，你是在写书吗？"

当时我想的是，我的孩子怎么连他朋友姓什么都不知道啊！我觉得他似乎有点缺心眼。

这位妈妈认为她儿子不关心朋友，显然她是错的。男孩交往的方式与女孩不同，这并不意味着他对朋友漠不关心。他对妈妈认为很重要的信息一无所知并不代表他缺根筋。男孩跟女孩不一样，然而男孩之间的友谊并不肤浅。

随着年龄的增加，男孩和爸爸之间也许就会有共同的兴趣。妻子询问丈夫与儿子哈利相处得如何。丈夫回答说挺好。她接着问："你们聊了点啥呢？"他说："没什么。"这句话的意思是"没什么与你有关的事"。他们谈的也许是工作上的技术问题，也许是某个政治议题，也许是如何处理一只野鹿并利用鹿皮。如果告诉妻子这些，就意味着需要把这些话再向妻子重复一遍。男人往往懒得重复，他们没有女人那么大的劲头儿把同样的话翻来覆去地讲。

在男孩看来，他与小伙伴正在培育一份对他而言很有意义的友谊。但这份友谊与他朋友的家庭关系无关，他以后肯定会了解他的家庭情况，只是现在还不知道而已。

但做妈妈的很难理解孩子们的交际模式。一位妈妈写道：

我14岁的儿子打电话给他的朋友彼得。他们只谈了一些具体事实，通话只有30秒的时间。"下午2点会来接你。就这么定了。准备好。"通话结束。女人从不会这么讲话，我对儿子说了这一点。他说："您希望我说什么呢？"他装作打电话给彼得的样子："喂，彼得，你怎么样？你想去看电影吗？想看什么电影？你觉得那部电影怎么样？"我都快笑死了。但有些时候，男人们并不觉得自己很冷漠，而这会让女人误解……男人说话的方式直截了当，只说事实，然后就显得枯燥冷漠，再然后就显得粗鲁无礼。

是的，他需要学学社交礼仪。从某种意义上说，妈妈们是对的。我倡导重视人际交往中的规则。然而，男人更倾向于将语言交流视为单纯的信息交换方式。一旦信息交换完成了，他们的谈话也该结束了。**男人将语言交流视作功能性的，而不是交际性的。**

第 10 章

性：尊重他懂性知性的愿望

男孩对性有天然的兴趣，男人有懂性知性的愿望是很合理的。

上天设计了性

正常的"性"趣乃是上天对婚姻设计的根本要素。因为婚姻中有快乐和繁殖，每个做妻子的都知道自己的丈夫是"好色"之徒。

在"爱与尊重"讲座中，我曾描述过一个场景：

丈夫在浴室刷牙时，妻子从浴室走了出来。他凝视着她，不禁赞叹她的美丽和性感。

而第二天，当丈夫走出浴室的时候，我们能看到另一幅不同的场景：做妻子的看到丈夫走出浴室，她对他大喊道："赶紧回浴室去。你把地板上弄得到处是水。你把一切都搞得乱七八糟的，真不敢相信。出来之前你该先在地板上放块毛巾。你自己也围上毛巾。唉。你真恶心！"

当我讲述这一场景时，听众们笑得前俯后仰。每个人都明白，这就是男人与女人的不同之处。

我并不是说女人对男性的身体不感兴趣，女人们当然也很关心丈夫的体格。我也不是说男人只对女人的肉体感兴趣，在她的外表之外，他同样也爱她的头脑和心灵。这一点在年老的夫妻间尤为明显。例如，一位 97 岁高龄的男人依然会欣赏他那 94 岁的妻子。

我只是说，与女人对男人体格的关心相比，男人对女性的肉体更感兴趣。这对双方都很重要。妻子们写信向我报告自己的丈夫对别的女人的注目，丈夫们写信向我描述自己的妻子色迷迷地盯着别的男人的模样。

的确，最近 20 年来，一些女性也开始变得"好色"了，这可能会让另一些女性感到不适。但事实上，当做妻子的看到一个身穿紧身吊带裤，在沙滩上游荡的男人时，她的反应与丈夫看到一个穿贴身比基尼的女人时的反应是不同的。而且，做丈夫的永远也不会坐下来对妻子说："今天我们去沙滩上时，那些穿紧身裤的男人该不会把你迷得七荤八素吧？"

母亲的忧愤

显然，每一位母亲都会为儿子可能会屈从于淫欲和有罪的性事而担忧，这样的念头令她们颇为沮丧。

有些因此而忧心不已的母亲会尽力去设法帮助儿子。这也是有些母亲在拿到本书时直接翻到这一章的原因。出于担忧，她们想知道自己该怎么做。

而有些母亲则会觉得这个话题过于令人沮丧。她们更倾向于相信自己的男孩与众不同，不会受任何情欲诱惑。这些妈妈忙于关注其他事物，故意压制这些信息。眼不见，心不烦。

　　还有一些母亲一提到这个话题就会勃然大怒。作家朱莉·史莱特里写道："从女性的视角来看，男人的性欲常被视为肮脏的欲望。它似乎是男性特质中至恶的一面——只有冲动，没有爱意；只有亢奋，没有自控；只有性欲，没有体贴。"

　　这些母亲对与性有关的话题持抵制态度。她们觉得这无异于认可没有爱，没有自控，没有体贴的行为。以她们的观点，这是试图为男人和男孩的性过错辩护。

　　有些妈妈声称，男孩在注视女性的身体形象的时候，不应该带着强烈的欲望。在这些妈妈看来，男孩对女性身体部位的兴趣近乎变态。她们很难想象，女性的曲线，偶然忘记扣上的上衫纽扣，或一件女性短裤为何会激起男人的性欲。

　　还有一些女人寻求彼此吸引，但不以性为目的男女关系。她们的性感不是为了刻意诱发男人的性欲。在她们看来，男人之所以会轻易被勾起性欲，是因为他们的头脑本身就是扭曲的。许多女孩都会觉得，男人会被性感的女人撩动欲望正说明了他们心态的不健康。她们认为男孩和男人们只愿去看自己想看的东西，然后又自顾自地浮想联翩，因为他们希望以充满欲望的方式行事。这些女人相信男孩们太"兽性"了，她们觉得男孩应该像女孩一样：女孩注视男孩可不是为了想象他脱光衣服的样子。她们无法理解有人会仅仅沉迷于男性的身体形象，她们追求的是双方的情谊和爱。

　　这些女人为什么会有这种观念？因为她们怀有恐惧和愤怒。这一章的宗旨就是为了鼓励你更为镇定，不被愤怒激动。你需要在关乎性和男孩的问题上思索上天的意旨，上天依着自己亘古之初就设计好的蓝图而行事。如果你希望自己的儿子保持性的纯洁，我建议你正确看待这一问题。

在探讨这一话题时，不应忽视丈夫的角色。

如果你的丈夫愿意配合的话，我建议你与他谈谈这一话题。我也希望他能配合你，因为他更了解男人的性观念。我会以尊重的方式请求他在儿子的性教育问题上协助你，或干脆让他担当起主要角色。对做丈夫的而言，当他接触这一话题的时候，本章的内容能帮助他，给他指引。如果你的丈夫拒绝配合，凭借你对男孩的六大愿望（C.H.A.I.R.S.）的了解，你依然能独立运用本章的知识。即便你是个单亲妈妈，这一章也依然适用。我自己的母亲就做过很多年的单亲妈妈，我的岳母同样也是如此。尽管你的恐惧或愤怒可能来自多种原因，但请放下这些情绪，满怀信心地，从容地以本章中的智慧来帮助儿子成长。

做母亲的如何正确地引导儿子？

首先，她必须同情他，而不是替他羞愧。其次，她必须镇定，而不是惊慌。最后，她必须相信这是上天的安排。

1. 她必须体谅儿子所面临的挑战，而不应因他而感到羞愧。

让男孩从怀疑中获得助益是件好事。对父母来说，最佳的策略就是在他软弱的肉体之外，更看重他意愿的心灵。做父母的应将体谅他意愿的心灵作为自己的目标。

做妈妈的应该让儿子知道，不要把她视为敌人，而是把她当做他在抵抗世俗诱惑的战斗中一起作战的战友。如果做妈妈对他面临的挑战能给予体谅，他在克服诱惑时就能更有信心。

首先我必须清楚地指出，你的孩子并不想沉迷于这些形象中，多数时候，他宁愿转眼不去看它们。但这些形象本身还是会影响他，当他看到不该看的东西时，他不得不在头脑中与之做斗争。如果做父母的能给他支持和鼓励的话，他就能赢得这些斗争。但如果他们对他说："你的挣扎可不值得我们尊重，你不能再乱想了。"他很可能就会在这些斗争中落败。命令儿子停止这些感觉就好像对女儿说："我们爱你。所以，别再被那个男孩的温柔体贴影响你了。"

你可以贬低他的行为，但不要贬低他的人。如果你让他感到你是唯一的义人，而他是唯一的罪人，那么你就会失去他的心。

2. 做母亲的应保持镇定，不可惊慌。

如果妈妈因儿子贪欲的行为而大发雷霆，她等于是将这样的观念刻在他脑中，即性和他感知的性引力是绝对的恶事。他不明白她怒火背后的理由，也不明白性的好处，于是便认为性是肮脏的。因此，当她纠正孩子的过错时，她应当持重冷静，而不应惊惶不已。的确，说起来容易，做起来难。

当男孩进入青春期时，当妈妈的迟早会无意中发现自己的儿子盯着iPad中的色情图片看，或得知儿子的朋友在iPhone上给他看过这些图片。遇到这种情况，她一定要克制，不可像某些妈妈那样对儿子大喊："真不敢相信你会看这么肮脏的东西。这太恶心了。你是什么样的人啊！"

不管妈妈觉得事态有多严重，都应采取庄重和镇定的姿态。

妈妈必须严肃地对他说：

> 你对女性身体的兴趣乃是上天安排的一部分。他使你寻求并享受

将来你与妻子间的性愉悦。从一方面来说，你会不由自主地留意女性的形体。从另一方面来说，当你观看这些美丽的形体时，你的情欲也会被触发。你需要控制这些情欲，你有这些欲望并不代表你是坏人。上天赋予了你这些欲望，但我们需要合理应对这些欲望。你觉得怎么做才是上策？你有何建议？

我在别处也说过，应该尽量让男孩自己解决问题。由于是他自己想出的答案，他会享受由此而来的荣誉感。他自己想出的办法或许比你提出的更为稳妥。

将 G.U.I.D.E.S. 法则与他的性观念相结合

让我们调节一下气氛。在这一章快要结束的时候，让我在交际层面上协助你教导儿子与异性进行交流。在男孩发育的早期阶段，女孩会让男孩感到很不自在，因为他们缺乏女孩与生俱来的交际能力。与女孩交流时，男孩可能会有手足无措之感。我们应运用 G.U.I.D.E.S. 法则来引导他更好地了解异性。

奉献：为了帮他更好地理解异性及与异性交往，我能奉献些什么？

对年幼的男孩

关于性教育的书日渐增多，如果我是你，我会根据孩子的年龄和

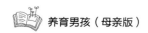

发育阶段，相应地购买一些此类书籍并对他说：

"你正在成为一个可尊重的男子汉，我想让你了解上天分别对男孩和女孩的设计有何差异。我知道你已经知道部分差异，但我还想让你更深入地理解上天如此安排的目的。举例来说，上天赋予女人一些特殊的品质，她们特别善于关心他人。许多男孩在这一点上表现也非常好，但我想告诉你的是，理解一个女孩最好的方式就是理解她对别人的关心。"

对年长的男孩

对年龄较大的男孩，这个问题比较复杂。但你一定要向他传达这样的信息，即：你信任他，并会尽你所能保护他免受色情出版物的伤害。你应该让他懂得，色情影像所呈现的感受与绝大多数女性的真实感受都不相符。女性会关爱他人和友谊。事实上，有人说男人的爱是为了性，而女人的性是为了爱。女人依爱行事。但遗憾的是，她们会受到欺骗。教导儿子永远不应为自私的目的而轻易利用"我爱你"这三个字，让他树立健康的异性观和性观念。

理解：我能理解他在了解异性，与异性交往时所面临的困境吗？

对年幼的男孩

当他在学校与某个小女孩玩闹得太厉害，甚至把她气哭时，他可能会觉得十分羞愧。这时你应对他说：

"你越来越高，越来越壮了，这让我很尊重你。但现在你必须懂得男子汉不能跟小女孩打架这个道理，如果你能把自己当做一个保护者，你就不会把她气哭了，这样一来你自己也不会感到很难受。"

对年长的男孩

当他觉得他与某些女孩难以相处，且老是被她们忽略时，你是否会告诉他，你理解和尊重他的窘迫感与挫折感？你是否会表达对他以及他想靠自己的优秀品质来吸引女孩这一愿望的赞赏？你是否会告诉他，你明白他已经到了在乎女孩对他的人品作何评价的年龄？

指引：在了解异性，与异性交往方面，你能否为他提供指引？

对年幼的男孩

如果你在学校的某些言行伤了哪个女孩的心，我可以告诉你一位受人尊重的男子汉应该怎么做：你应该认真地对她说："对不起"，希望她能原谅你。

对年长的男孩

当他感到与女孩交流有困难的时候，你可以对他说：

"我能邀请凯丽和谢莉过来吃晚餐吗？我想请她们跟你谈谈女孩们最希望男孩知道的3件事。这两个读大学的女孩非常喜欢你，她们一定也很乐意跟你聊聊这个话题。这样一来，你就会更加了解异性的想法。我的计划是这样，请她们过来吃饭，她们聊，你边吃边听。然后你可以走开，什么问题也不用问。不管怎么说，她们下周二都会过来吃饭。如果你不愿意听的话，我们也不会讨论与这三件事有关的话题。当然，这个话题是非常有趣的。"

督责：当他对性了解得过多，或与异性的交往变得不正常时，我应该督责他吗？

对年幼的男孩

哪怕你才4岁，你也正在成为一个可尊重的男子汉。你需要知道如何对待小女孩。我们这个世界是有规矩的，例如，当你踢足球时，你不能越出界线之外。史密斯先生一家来我们家待几天，她的女儿与你年龄差不多。有次你明知道她在洗澡，还是故意闯进了浴室。而这之前我就对你说过凯瑟琳在洗澡，你闯进浴室会让你们两个都很尴尬。上天让我们享受自己的私人空间，那么让我们也尊重别人的私人空间好吗？谢谢你。但既然你犯了错，我需要你回到自己的房间里反思10分钟。然后你需要来找我，我有任务给你做。

对年长的男孩

上天让你对女孩有强烈的兴趣。这种兴趣可以是美好而有趣的，但如今网上和手机上充斥着太多色情诱惑，只要你点击一下鼠标就会陷入其中。因此我们需要制定相应的计划，以保护成长中的男子汉的荣誉。诱惑是真实存在的，你并不是我们的敌人，但你却可能会成为敌人的牺牲品。另外，我还想告诉你，女人发自内心地尊重那些有能力管好自己的眼睛和心灵的男人。因为这样的男人会让女人感觉到安全和爱，对女人来说是了不起的馈赠。

勇气：我能鼓励他持续不断地了解异性，学习如何与异性交流吗？

对年幼的男孩

不论什么时候，当你的亲戚开玩笑地问你的儿子在学校有没有注意女孩时，他都会变得小脸通红，腼腆不安。遇到这种情况，你可以过一会儿之后再对他说：

"你之所以会注意女孩们是出于上天的设计。上天也会让女孩们注意男孩。我会留意你爸爸，你爸爸也会留意我。不只你一个男孩会在心中思索与女孩有关的事，这是正常的。弗莱德逗你是因为他知道你已经到了会注意女孩的年龄，没关系。"

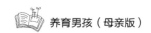

对年长的男孩

如果他被某个女孩拒绝之后，觉得再也不会有女孩会喜欢他，你应当对他说，他所拥有的品格一定会在合适的时间吸引到合适的女孩。

祈愿：我应该为他获得了解异性及与异性交往的能力而祈愿吗？

对年幼的男孩

当他悄悄告诉你他在学校对某个女孩特别有好感之后，你可以在他躺下准备睡觉时，在黑暗中为他祝福：

"感谢上天让他看到了小女孩米歇尔的优点，谢谢上天能让他觉察到这些事物。这正是令人尊重的男子汉所行的事，他正在成长为这样的男子汉。"

对年长的男孩

你可以对他说：

"我尊重你想找到生命中合适的另一半的愿望，我知道你会成为带给妻子幸福的男人。"

作为结论，我想说的是，我们谈论性这个话题时都会有点尴尬。谁会觉得教导儿子"了解"自己的妻子，理解两性关系中的性是件很有趣的事呢？但我们每个人必须提醒自己：婚姻中的性和浪漫关系乃是源自上天的理念。尽管有些人鼓吹肉欲，贬低女性，但做母亲的应秉承上天的意旨与儿子对话，从而间接地对抗这些倾向。事实上，总会有人向你的儿子传递与性和女人有关的信息，他总会获得某些信息。这些信息一定会是正面的吗？很可能不是。**因此培养儿子正确的性观念是你的特权，也是你的责任。你儿子的性教育不可由那些在街上晃荡的男孩来完成。**

第 11 章

原谅

我能邀请你做两件事吗？第一，寻求原谅。第二，给予原谅。

在我详细阐释寻求原谅的需要前，我要说的是，你们之中的很多人根本不需要寻求原谅。

你会在言语和行为中传达对儿子的尊重。你不仅爱他，也尊重他。但在你心中，你更在意的是自己的不足和失败，而不是自己的成功。坦率地说，你对自己太苛刻了。这也是许多母亲都会遇到的困境，她们因自己的缺点而自责不已。她们忧心忡忡，担心自己的弱点会给孩子造成伤害。你是这样的母亲吗？

如果我能坐在你旁边，我会列举无数你出色地完成的事。如果我们能聊上几个小时，等你离开时，你一定会对自己的育儿成绩感到很满意。我希望你读这本书时，不要因书中的内容而过于苛责自己，认为自己糟糕透顶。我试图介绍更为全面的尊重话语术的努力如果会让一些妈妈倍感内疚，这让我自己也觉得很不舒服。因为我讲授的某些内容总会无可避免地在这些妈妈心中引发严重的自我怀疑情绪。她们会因自己一些小小的缺点和错误便断定自己是不称职的母亲。读书时，如果你的成绩单上只有一科是 B，其他科目全是 A，你不会认为自己考砸了。事实上，能做到这一点你就是个好学生。同样地，你也不应对自己和自己的育儿效果做过于悲观的论断。我们每个人都需要进步。

如何知道自己是否亏待了儿子？

为了锻炼一下你的记忆，请你想想，你是否有任何言行对他的六大愿望（C.H.A.I.R.S.）构成了不尊重？

C:　对他工作和获取成就的愿望，我是否表达过不尊重？

H:　 对他供养、保护甚至牺牲的愿望，我是否表达过不尊重？

A:　对他变得更强，拥有领导力和决断力的愿望，我是否表达过不尊重？

I:　对他分析问题，解决问题和提供建议的愿望，我是否表达过不尊重？

R:　对他获得肩并肩的友谊的愿望，我是否表达过不尊重？

S:　对他懂性知性的愿望，我是否表达过不尊重？

如果没有，那么恭喜你！你做得非常好。你可以放心了。

如果你良心上觉得过意不去，那么请务必继续读下去。

基本准则

这是基本准则：只有当你明确无误地知道自己确实没有尊重儿子时，再寻求他的原谅。有时，妈妈会将孩子的自私和公然顶撞也算成自己的错。但这时不尊重别人的不是母亲，而是儿子。如果你因没有尊重他而感到内疚时，你只需简单地对他说："对不起，我没能尊重你，你能原谅我吗？"

简单的一句"对不起"就能传达出母亲的感受。但这只是事情的一面，她的儿子有何感受？只有当她问出"你能原谅我吗？"时，她才能得知他的感受。她需要知道这个问题的答案。

如果一个妈妈因未能尊重儿子而寻求他的原谅，他会知道妈妈是真诚的。而如果她因对儿子不够爱而寻求他的原谅，他也许会觉得这不过是妈妈的算计。儿子或许只是以为，妈妈想通过承认对他不够关爱来迫使他自己也去承认，他对妈妈也不够关爱。多数男孩都知道妈妈非常爱自己，但他们很可能会觉得妈妈有时不够尊重自己。因此当妈妈因未能尊重儿子而寻求他的原谅时，会引起他的注意，他会感到被尊重。这里我并不是说什么词都有效，在男孩看来，爱的语言与尊重的语言差异巨大。多数情况下，他的心都会被尊重深深打动，并发自内心的原谅妈妈。妈妈也会获得深刻的母子情感交流体验。

因对儿子的冒犯而寻求他的原谅

一些妈妈会因儿子的冷漠无礼而深感受伤。但如果更仔细地观察的话，这些妈妈会发现她们往往陷入了家庭关系的疯狂怪圈中：儿子得不到妈妈的尊重，自然也不会以爱去回馈妈妈；而妈妈觉得儿子对她没有爱（尊重），便会更加不尊重他。

妈妈们往往被一件很重要的事蒙蔽双眼。她往往看不到，儿子之所以对她反应消极，她自己也有原因。相反，她只会觉得儿子冒犯他，不尊重她。她只是尽力去爱他，所以在她看来，儿子不应觉得她不尊重他。但妈妈们也许想不到，当她对儿子传达爱的语言时，在儿子眼中她同样可能显得非常不尊重他。当女人们觉得受伤时，她们希望能修复紧张的关系，因为她们在乎与别人的关系。但她们修复关系的方式可能会让男人觉得她看不起自己。她的表情变得酸苦，她唉声叹气，翻着眼睛，对别人指指点点。她充满鄙夷的用词能让"飞车党"的头目也心生怯意。因此，母亲不应只想着儿子不尊重自己，她应该意识到，儿子消极的反应往往是为了保护自己不受她责骂的伤害。一直以来，做妈妈的都在责怪儿子对她的冒犯，却不知儿子的反应只是出于自我保护。这是多么悲哀的事。

我曾问过妈妈们："在儿子以不够体贴，不够尊重的方式回应你之前，你是否有过什么对他不尊重的言行？"她们往往会说："是的。但他应该知道，我并不是那个意思。我只是对他生气而已。"我要再说一次，遇到这种情形，不要为自己找借口，而应清晰无误地对孩子说：

> 对不起。我没能尊重你，你能原谅我吗？我并不是故意要伤你自尊。我的本意是想纠正你的行为，而不是贬低你。我应该更委婉一点才对。我只是想帮你成为一个可敬的男子汉，我相信你会成为这样的男子汉。你觉得什么时候我们能以尊重的方式谈谈我们之间的紧张关系？

男孩的回应

一位妈妈对我说：

在我已成年的儿子还小的时候，我还不懂得待他以尊重。不用说，对我丈夫，我也没有给他应得的尊重。当他在自己的婚姻中遭受挫折时，我也反对他的处理方式。我言辞激烈地批评他，且没有以尊重的方式对待他。在读到你的书之后，我终于意识到了自己对他的态度是错误的。在丈夫身上我已经学到了教训，遗憾的是我没有想到儿子也需要尊重。于是我给儿子写了一封信，请他原谅我过去和现在对他的方式。我可以高兴地说，他确实原谅了我，这么多年来，我们的关系还从未这么融洽过。

另一位妈妈说：

一天，我跟我那七岁的儿子坐在一起。我对他说："对不起，我没有把你当成一个男子汉一样对待。你已经不是一个小娃娃了，而我依然把你当小娃娃一样看待。对不起。"他的双肩明显地放松下来。他同意我对以往局面的评价。我开始设法去满足他对荣誉和尊严的需要，我采取了更为委婉柔和的方式，对他报以大量的拥抱和亲吻。他逐渐变得更为自信了，并开始以尊重的姿态去对待别人，而不再像以往那么咄咄逼人。

请听听下面这位母亲的故事。她知道自己所犯的错，但还是选择原谅自己，继续维护她与自己那处于青春期的儿子的关系：

在过去，为了迫使儿子道歉，我曾命他与他姐姐面对面站着，直到他终于忍受不了，开口道歉。我觉得我最终还是战胜他了，因为他好像就要哭鼻子或发火。在听你的讲座的时候，我哭了。因为我意识到自己犯了大错，给儿子造成了伤害。我们之间好像有个情感上的疙瘩，在他逐渐长大的时候（他今年 13 岁了），这一点变得尤为明显。

在与儿子的关系上，一直以来我都被困于你所说的疯狂怪圈中。回到家之后，我决心留住与儿子之间尚存的美好时光，对他表达尊重，并与他肩并肩地完成任务。在参加完讲座的第二天，我要开三个半小时的车去我妈妈那里接他。在听你的讲座时，我十分兴奋，并计划好在开车回家的一整路上告诉他我学到的新东西，告诉他我对他有多内疚，因为过去在很多事情上我都没有尊重他……他钻进车里之后，直接跟我说他打算睡一路……他这么做或许只是为了避开我的尖刻言语，因为我过去常这么对他说话。于是我对他说："这主意不错，我敢说你一定很累。"然后我就不再说话。其实这很难！但这次的安静并不是沉闷的安静……尽管之前有时候确实如此。我只是想让他自在一点儿。

他躺了一会儿之后，又说他其实一点儿也不累。我们一起边听收音机，一边继续前行。一整路上我都没有问他任何问题！……后来他关掉收音机，开始对我讲一些两年前的事，而且巨细无遗！我们就这样听着收音机，聊着天一路开到家。当他想到某些事的时候，他就会关掉收音机跟我说话。我们回到家的时候，他一副欢喜雀跃的样子。

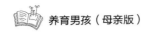
我自己也一样。尊重真的有效！

又过了几天，我在厨房的时候，他向我展示他的肌肉……现在他时不时地会这么做……我对他说真的很厉害，还对他说我知道他愿意为我而牺牲，当有人想伤害我时，他一定会尽力保护我。当我说这些话时，他注视着我，脸上充满骄傲和爱！……

他沉醉在自尊中，而我正在得到儿子的爱！谢谢你！

给予原谅

妈妈会因自己的儿子未达到她的期望或上天的要求而憎恨他吗？很少有妈妈会对自己的儿子充满怨恨，但让我们实话实说：随着孩子年龄渐长，他或许会行不义或非法的事，这会深深地伤到妈妈的心。因此，当她胸中怀着怒火时，她会发现自己很难原谅儿子。例如在下列情形中：

C： 他没有按他的本分去工作或获取成就，他说谎或盗窃。

H： 他没有按自己的本分去尽供养或保护之责，他对别人非常冷漠。

A： 他并不刚强，也不会领导别人，也不按自己的本分做决定，他追随坏人，惹下严重的麻烦。

I： 他没有按自己的本分去分析或解决问题，也没能提供建议，以至于将自己和别人都陷于严峻的险境之中。

R： 他没有按自己的本分与别人并肩活动，他沉迷于和朋友一起进行非法活动。

S： 他设法去获得他不应了解的性知识，他导致一个女孩怀孕。

假设上面列举的一项或几项事情都在你孩子身上发生，你是否会感到极为生气恼火？你会不会日复一日地因此而对他责骂不休？你是否会因此而对他心存厌恨，并任由怨恨控制你对他的看法？

原谅，忘却，宽恕

你需要原谅自己的儿子。也就是说，你需要有一颗宽恕之心。遗憾的是，很多人都会误解"宽恕之心"这个词的含义。她们认为这是说妈妈应宽恕男孩所有的过错，就好像什么也没发生一样继续前行，就好像妈妈患了失忆症一样。

我们很多人都听说过"原谅就是忘记"这句话。但这会引发一个问题："如果我们没有遗忘，是否就无法去原谅呢？"任何理智的人都不会忘掉儿子的严重过错。因此，我们需要明白，当我们记着孩子的过错时，同样可以怀有宽恕之心。

关于信任

宽恕之心是否意味着妈妈必须信任自己的儿子？并非如此。明白这一点很重要，因为一些男孩会利用妈妈的内疚感。他们会对妈妈说："既然你已经原谅了我，就应该信任我，而不是老问我又去哪儿了。"

在这种压力之下，妈妈们便会闭口不言，乖乖退让，以证明她确实原谅并信任儿子。但事实上她什么也不用证明，犯错的是她的儿子，该做出证明的也是她儿子。如果有妈妈觉得悲悯的心就是盲信，那么当她儿子利用这一点一再欺骗她时，她最终还是会走向愤怒，争吵和轻蔑。

保持宽恕之心的同时又积极督责儿子向善的最佳策略并不是在儿子对她说"你不信任我"时退缩不语。做妈妈的可以这样回应：

> 我信任你的心灵，但我不信任你软弱的肉体。对我自己软弱的肉体我也不信任，我们谁都不应忽略自己的软弱。这与我是否信任你无关，而与你如何证明你值得别人信任有关，而这需要我来认可你的行为。值得信任的人总能证明自己值得信任。

看到儿子身上的善意

要认可你儿子身上的善意。他也许头脑不清，但存心并不坏。一位妈妈写道：

> 你知道被人搞砸聚会是什么感觉吗？你可以想象一下自己的午餐聚会被自己26岁的儿子搞砸是什么感觉，不仅如此，四天后他又见到我时，甚至对自己的过错提都不提。但正是此时，我必须牢记你所教的善意法则，施行顺服之心以悲悯，谅解他。作为我生命中重要的男人，他其实无意到我这里伤害我，也无意忽视他对'亲爱的老妈'的承诺。我必须控制住自己不去脱口说出我脑中的念头，我也不会想在他下次安排的午餐聚会上如何责骂他。

你的儿子不会故意对你冷漠或不敬，你要相信他的心，努力去发现他的善意。这会抚平他给你造成的伤害，驱除你所认为的"冒犯"。

为时间紧迫的妈妈们准备的"快速开始计划"

（没有虚伪和算计）

请倾听一下这些妈妈采用尊重话语术之后亲历的变化。当你阅读她们的证言时，想想自己在这一周能否像她们一样去实践"尊重法则"。这就是我要向你推荐的"快速开始计划"。

一位儿子已经成年的妈妈回忆道：

在与儿子通电话时，我想试着运用一下你所说的尊重话语术。以往，在我们的谈话结束时，我总会对儿子说"我爱你"，但这次我对他们说的是"我尊重你的……（视具体情况而定）。"我的一个儿子沉默了一会儿，然后说："谢谢你，妈妈。"这真真切切地触动了我的心。另一位在情感和精神上与我有点疏远的儿子同样在沉默之后说："妈妈，我爱你。"他很少主动说这句话，也很少在我说我爱他时用这句话回应我。对我而言，这太不寻常了。我希望你的教导在更多方面都能给我带来新收获，我也期盼着这些教导首先为我自己，其次也为其他人带来疗愈。"

一位妈妈在将尊重话语术用于自己上大学的儿子身上之后，她对我说道：

我的尊重令儿子很惊讶。他问我："你为什么要对我说你尊重我？"但他的行为确实与以往不同了。从他的声音和给我的邮件中，我能看到，作为一个男子汉，他对自己更有信心了。他对"爱的语言"早已熟悉，现在他似乎已能敞开胸怀拥抱自己对尊重的需求。以往他总是抱着"我已经是个独立自主的大学生了"的防卫心态，现在这种心态消失了。

一位妈妈在电子邮件里写道：

我与我那 22 岁的儿子的关系得到了神奇的改善！谁知道沉默也是如此有意义呢？仅仅是与他并肩而坐，进行简单的交流，但结果却如此不同。当我们告诉他我们有多么欣赏他的时候，他的泪水夺眶而出。以前，当我对他说爱他的时候，他会敷衍地回答说："知道了，知道了，我也爱你。"以正确而易懂的语言来传达自己的感情原来是这般容易！

另一位妈妈陈述道：

在我接受正式教育时，我花了很多时间去研习心理学和心理辅导，尤其是儿童心理辅导……我决定写一下我对"尊重"这个话题的想法，在我下笔前，我想试一下"尊重法则"在自己 4 岁和 2 岁的儿子身上有何效果。我没有女儿，所以我无法做比较。但我想告诉你今晚发生的事，以免遗忘。

在睡觉前，我常会与孩子们一起唱歌，阅读。在这些活动结束时，我总会拥抱和亲吻他们，并告诉他们我爱他们。他们也会回应我说："妈妈，我也爱你。"别忘了他们一个 4 岁，另一个才 2 岁，因此这对我而言的确是甜蜜的时光。他们如此可爱。他们常常会告诉我，他们爱我，当我说我爱他们时，他们往往也会用同样的话回应我（尽管不是所有时候都这样）。

今晚我丈夫没在家，因此是我自己送孩子们上床睡觉的。一切都安排好之后，在我离开房间前，我贴近自己四岁的儿子，对他说："布伦丹，我真心地尊重你。"他脸上浮现出一个大大的笑容，脑腆地对我说："谢谢你，妈妈。"他平常也很有礼貌，所以我之前并非没听到过他说"谢谢你"。但在今晚的场合下，我几乎要被狂喜淹没。我本以为他会说"这是什么意思呀？"或者只是对我重复一遍我所说的话，但他并没有那么做。他对我的话报以赞赏……我想我会继续告诉我的孩子们我尊重他们，因为我的确尊重他们。

一位妈妈想告诉我她的儿子们对尊重的回应。她对我说：

我的儿子亚伦很有魅力——而且很有女人缘（在 5 岁半时就已经如此）。对他来说，夸我（或别的女士）可爱迷人并不是什么新鲜事。我常常告诉他我爱他，他也会回应说："妈妈，我也爱你。"但有一次，当我告诉他我喜欢他的时候，他回答说："妈妈，就算你不让我做我想做的事，我也依然爱你。"这是更让我感动的回应，因为他没有像往常那样仅仅重复我的话。我觉得我是以他熟悉的，尊重的语言与他交流，而他是以我熟悉的，爱的语言回应我。他从未主动对我说过他爱我，因此，在我对他说我喜欢他之后，他的"我爱你"对我而言格外有意义。

另一位妈妈对我说：

我决定在我15岁的儿子身上测试一下尊重的作用。周六晚上，我给儿子发了一条短信说："我尊重你"——他立刻回复道："谢谢你，妈妈。但是为什么？"然后我对他说了我尊重他的原因。他说："我真没想到，但依然谢谢你，妈妈。"当我回到家见到他时，我送给他一小盒巧克力。他说："真酷，就像你周末发给我的信息一样酷。"我的孩子从来都不想主动跟我说话（或许15岁的孩子都不怎么愿意跟自己的妈妈说话）。我喜出望外，并决定表达我对他的尊重，他所需要的尊重。

妈妈们熟悉自己儿子平日的态度和回应。因此，当她们将"尊重法则"用于自己的孩子身上时，所发生的事在外人看起来虽然没什么了不得，但妈妈们却知道它们很不寻常。所以我们不断地会听到妈妈们说："对我而言这太棒了……他以前从未主动对我说'我爱你'……我被喜悦所淹没……我真的喜出望外。"

让我们再来听听一位将尊重话语术用于教导儿子的爸爸是怎么说的：

　　我在教导儿子时使用了"儿子，我知道你是个可敬的男子汉"之类的话语后，儿子的回应让我惊奇不已。当我挨着他坐在床边或与他并肩散步时（这时我们能向前或向后看，而不用直视对方），他更能敞开心扉接受对他的教导。

　　说到"可敬的男子汉"的话语方式，当我的儿子与女儿打架时，我不再像以往那样问他"你为什么打你妹妹？"，而是会与他肩并肩地坐在床边，对他说："儿子，我知道你是个重名誉的男子汉，所以我不理解你怎么居然会打妹妹。"我会先给他一分钟的时间反省，然后再告诉他，他的这种行为不可接受，他应该把这次的事当成教训，提醒自己将来以体面的方式行事。

　　我将你讲授的，强调"男子汉荣誉"的育儿策略讲给每个人听，他们立刻就能明白！我可以根据我的切身经验告诉你，这改变了我与儿子的交流方式。其结果令人倍感惊喜。当我们给他独处和反省的时间后，我们之间少了很多无意的伤害，修复家庭关系的过程也比以前更快乐。

　　妈妈们，请听听这位父亲的话，像他一样将尊重话语术用于育儿中吧！这真的有效。我希望妈妈们能学会使用"我尊重你""我欣赏你"或"我以你为荣"等表达尊重的话语。当你督责儿子的时候，你或许可以对他说"你是个可敬的男子汉，所以我不太理解你怎么会……"

　　当你阅读这一章时，我会循序渐进，指导你在六大领域对孩子表达尊重：

★ 我尊重你工作和获取成就的愿望。

★ 我尊重你供养、保护甚至牺牲的愿望。

★ 我尊重你变得更强，拥有领导力和决断力的愿望。

★ 我尊重你分析问题，解决问题和提供建议的愿望。

★ 我尊重你获得肩并肩的友谊的愿望。

★ 我尊重你懂性知性的愿望。

这与塑造孩子在这六个方面的品格有关。"我尊重你决心成为一个正直可敬的男子汉的愿望……我尊重你在做作业时表现出的勤奋……我尊重你与朋友分享玩具的愿望……我尊重你对队友的鼓励……我尊重你加入青年组织的热心……"这些话语对孩子们来说无比珍贵。哪怕孩子在某些方面做得不太好，他身上总有值得妈妈夸赞的品格。

尊重话语术并不适用于与男孩的品格和愿望没有关系的外貌特征。"你如此英俊，这让我尊重。""你蓝色的双眸让我尊重。"这类话等于丈夫向妻子说："在我眼中你如此美丽，因此我爱你。"如此说来，当妻子不再美丽的时候，他就不爱她了吗？当儿子不再英俊时，妈妈就不尊重他了吗？

当你采取本章提供的"快速开始计划"时，我还要向你提一些警示：

第一：始终要讲真话。

始终要讲真话，这是第一点。不要编造与尊重有关的谎言，不要说谎。始终以真诚而尊重的方式说话。在你开口前要三思，因为你的儿子会觉察到你的谎言。为了让自己的儿子积极向善，妈妈们总是愿意寻求与之有关的智慧，这是件好事。

妈妈们受爱支配。她们的爱加上她们在育儿问题上的焦灼会驱使她们去验证"尊重法则"的效果。举例来说，妈妈们在匆匆浏览这本书之后，她们便会立刻回家在儿子身上应用书中提供的尊重技巧。她读过"快速开始计划"这一章后便会觉得自己"明白了"。这本身并不是坏事。

但我常常发现妈妈们有种奇怪的心态：她们回到家中之后，立刻就想验证"尊重法则"是否真的有效。打个比方，这就好像她们手里拿着一个游戏币站在礼品机前面的情形一样。"嘿，我口袋里有一枚'尊重币'，我儿子就像一台礼品机一样在我面前站着。如果我说'我尊重你'，他也许就会以可爱的行为回应我。我想知道这是不是真的。也许会有令我惊奇的事发生。如果没有的话，我还是乖乖准备我的晚饭去吧。"

我之所以会说这些话，根据的是妈妈们告诉我的经历。妈妈们也许并不鲁莽，但她们可能会很天真。妈妈们也许不想去精心操控儿子，但她们也许会很肤浅——因为她们只能感觉到爱，只希望得到爱，因为她们觉得别的策略根本没有效果。既然她的出发点是对儿子的爱，她便欺骗自己说，无论采用什么方法都是可以的。

但她的儿子很快能察觉妈妈只不过当他是只小白鼠。妈妈们的这些行为就好像一个继父为了想继续看足球比赛，就虚伪地对女儿说他爱她，所以请她别哭了一样。我认识的所有女人遇到这种事都会长叹一声，因为她们知道男人的行为是彻头彻尾的欺骗。但当她以同样的方式欺骗儿子时，她却连眼睛都不眨一下。原因有两个：首先，她觉得丈夫不够纯洁，而她却是真心地关爱儿子。其次，这些行为会让女儿感到受伤，而他的儿子对这些事则无动于衷——因此拿他实验一下也没什么大不了。但涉及尊重，他不会对欺骗无知无觉。尊重对妈妈而言或许只是动人的理论，或许无关紧要，但对她的儿子来说，尊重是他最本质的部分。妈妈们必须小心谨慎地处理这一问题，在说"我尊重你"时，她必须怀着绝对的真诚与信任。

第二，不要滥用"我尊重你"之类的话语。

与女人们的话语相比，男人们对尊重的话语使用要少得多。男人们并不像女人们时时说"我爱你"一样时时说"我尊重你"。男人们在情感上更为独立，而女人们对"表达—回应"则较为敏感。因此切勿过度使用"我尊重你"这句话。换句话说，不要用"我尊重你"代替你日常所说的"我爱你"。如果你说得太多，孩子就会觉得妈妈不真诚。他会认为你只想以尊重为手段从他这里得到某些东西，而不是为了满足他对尊重的需要。蛋糕吃太多，谁都会恶心。在读本书的时候，你会了解何时何地才应该用尊重话语术。我在书中提供了针对不同年龄的男孩的许多例子，从中你会获得启示。我要再说一次：放松，在开始的时候要慢慢来。尊重的话语不要过多。

尊重话语术对时间的要求不像它对真实的要求那么苛刻。他是否确实有过值得你夸一句"我尊重你"的言行？哪怕时间已经过了两周或两个月，只要你能想起来，就可以对你的儿子说这句话。母亲和女儿在情感上立刻能感知到爱的话语，而男孩的理解方式与她们不同。一般来说，与尊重的话语本身相比，这些话语的内涵更能打动他们，鼓舞他们，激励他们，影响他们——尽管尊重的话语在效果上确实也能增强母子间的情感联系。因此，当你半个月之后忽然想起一件事，如果你能向儿子表达你在这件事上对他的尊重，就不算失败。你并没有错过增进母子情谊的机会，因为尊重话语术并非只关乎情感联系。

第三，你强烈的轻视会抹掉尊重赢得的成果。

　　所有人都知道当我们以尊重的态度传达真相，我们往往会忽视自己的表达方式。举例来说，一位妈妈说的话可能是对的，但她尖厉的声音却是错的。她昨天鼓励的话语却被今天的声调所抵消，因为这会伤到儿子的自尊。

　　在婚姻中，我引导夫妻们问自己："我要出口的话在他听来是否会伤自尊？"在多数情况下，如果我们想知道答案，我们就能知道答案。当然，在我们无法确定答案的情况下，我们可以直接问对方："你觉得我刚才的话对你是尊重还是轻蔑？"

　　首先，当你说出一句话后，问问自己："我的话是否会伤孩子的自尊？"

　　其次，如果你不确定，问问你的儿子："我说的话是否让你感到伤自尊？"

　　没有哪位妈妈想先以尊重的手段收效，然后用更大的不尊重摧毁这些成效。这两个问题能使母子关系免于陷入僵局。

第四，放松。

　　祈求上天让你牢记应记住的事，然后便开始这场马拉松吧，慢慢跑，这不是百米冲刺。你不能凭一时兴起就尝试尊重话语术，然后又回到老路上，继续依赖爱的话语术。这种运动不能一劳永逸，你需要终生致力于满足儿子对尊重的需要，正如一位尊重自己女儿的父亲也应满足她对爱的需要一样——你得经年累月地付出。爱与尊重是终生事业。

问问你的儿子："你希望我对你说'我爱你'还是'我尊重你'？"

"快速开始计划"中另一项有趣的练习是发现你儿子的想法。一位妈妈对我说：

有天晚上，我与11岁的儿子进行了一次精彩的对话。那天晚上我们一起吃了晚饭，还看了一场电影（我极少有机会在没有丈夫和女儿陪伴的情况下跟儿子单独相处）。我问他爸爸妈妈给他的东西中，什么更重要：是我们告诉他，我们爱他？还是对他说我们尊重他／赞赏他／以他为荣？他想了一下，然后回答说我们的赞赏和嘉奖对他而言更重要。

这就是男孩定义尊重的方式。我很喜欢他用的"嘉奖"这个词，他又说，在他小的时候，他觉得我们爱的话语和爱的行为更重要。如今他已经上中学了，他觉得我们尊重（信任）他，给他独立更为重要——他特别反感总是吹毛求疵的妈妈（爱唠叨的妻子会觉得这话很耳熟）。

在你问儿子这个问题时，请告诉他，他选择其中一个答案并不代表另一个答案不重要。让他明白这只是一个有趣的小测验，因为你只是对他更在乎什么有点好奇：是"我爱你"还是"我尊重你"。

　　借助这种方式，很多妈妈第一次发现了儿子身上此前完全不为她们注意的另一面。

　　值得指出的是，年龄较小的男孩对尊重等概念的抽象意义还不是很理解。我曾问过我4岁大的曾孙杰克逊，他更希望听我对他说"我尊重你"还是"我爱你"。他说"我爱你。"然后我又问他"你明白尊重是什么意思吗？"他说不明白。于是我向他描述了一个场景："当你穿上超人服装，变得又勇敢又强壮时，你更希望我对你说'超人，我爱你'还是'超人，我尊重你'？"

　　他立刻十分兴奋地说道："尊重。"这时他对尊重的含义不再感到迷惑了，因为一幅具体的画面帮助他理解了这个词。如果男孩们不懂尊重这个词的意义，他们会将其等同于爱，因为爱是妈妈常常对他们说的词。

　　很多女人都对我说，她们在家庭中轻视别人已成习惯。疲惫，沮丧，伤害，愤怒等情绪可能会让妈妈拿孩子出气，因为孩子正是这些负面情绪的源头——典型的情况下都是男孩。而这又对她构成了威胁，使她陷于内疚之中。为了掩饰自己的恐惧和羞愧，她往往会借题发挥地斥责男孩："什么？你想得到尊重？你是说我不尊重你吗？你竟敢这么说？"她的态度迫使他在情感上疏远她。她知道自己粗鲁无礼，但还是会为自己的粗鲁无礼找借口。她本可利用这个机会了解儿子的灵魂，最终却让儿子不得不封闭自己的灵魂，以对抗母亲对他的轻蔑和贬斥。

　　为了防止母亲们采取这种行为，我向她们提供了一项激励措施。我的妻子萨拉在我们的讲座上曾谈到过这一点。她问听众："你希望自己的儿媳妇永远以轻蔑的语气跟你的儿子讲话吗？"没有一个妈妈希望。**因此，若妈妈想教导自己的儿媳该如何行事，她就应该为她树立榜样。**

　　因为只有这样，当妈妈教导儿媳尊重自己儿子时，她才有资格，她的话才能服人，哪怕她儿子并不总是值得尊重。当儿子的行为不值得尊重时，别人往往不会尊重他。因此妈妈需要向儿媳解释：**尊重话语术的重点不是男人是否值得尊重，而是女人应如何以尊重的方式去讲真话。**

有些妈妈会制造疯狂怪圈：她们对儿子的不尊重换来的是儿子的冷漠，而受到儿子冷漠（和不尊重）对待的妈妈转而又去伤儿子的自尊心。因此，我要问妈妈们："当你的儿子以冷漠的方式回应你时，你是否也会以伤他自尊的方式回应他？你们是否会陷入恶性循环中？"

很多妈妈都意识到自己身处疯狂怪圈中，并想挣脱出来。对绝大多数男孩来说，如果妈妈不尊重他们，他们便会以消极的、冷漠的行为去回应妈妈。当他们年龄渐大时，这种倾向更为明显。一旦母亲看清这种恶性循环的症结所在，她们便能以尊重话语术解开这个结。

当然，这一信息会让妈妈们疑惑。一位妈妈问我：

> 涉及母亲与处于青春期的儿子的关系，我该如避免疯狂怪圈？我知道我们的儿子正在成长为男子汉，他们需要别人的尊重才能变得更刚强，但在很多方面，他依然需要管教。如何有效地管教一个处于青春期的儿子而又不至于陷入疯狂怪圈中？你有什么建议吗？

是的。在本书中我探讨了这个问题。例如，我讲到了妈妈们应如何运用尊重话语术来督责儿子才能使儿子更贴心，更懂得尊重他人。接下来我会教你如何纠正不服管教的儿子的行为，督责他积极向善。在这方面你并不需要以轻蔑作为武器。

我的妻子萨拉有次跟一个朋友在外面吃午餐。当她们入座后，餐馆的经理走过来跟他们谈话，他是位男士。谈话中，萨拉提到我正在写一本与母子关系有关的书，并提到了母亲以尊重的方式与儿子交流的重要性。这个话题让餐馆的经理极为惊讶。后来他痛苦地说："这正是我的妻子与我儿子间的问题。为了让儿子听话，她总是一副居高临下的轻蔑姿态。她对儿子说的话无异于在情感上谋杀他，然后他便会以更消极的行为来回应她。"

没错！母亲对儿子的不尊重会触发儿子冷漠无礼的回应。尽管有时不尊重的行为有助于清理局面，但从长期来看，这只会使疯狂怪圈更难打破。无礼并不能消除疯狂。

让我们再次回到这个问题上："你更希望听到'我爱你'还是'我尊重你'？"如果你的儿子回答的是"我更希望听'我爱你'。"这时你需要留意一些男孩真的渴望得到爱，所以他们会这么说。这没什么问题。一个男孩完全可以这样表达自己的感受。

九岁的男孩菲利普对这个问题的回答是："当然是爱。对我而言这个词意义重大。请告诉我您爱我吧。"他的母亲说他"喜欢别人对他说'我爱你'，他也会对别人说'我如此爱您'。"我们的研究表明17%的男性会选择爱而非尊重。我无意引诱男孩说他不愿说的话，但别忘了，根据我们的报告，还有83%的男人更渴望被尊重。

即便如此，我并不担心那个说"当然是爱"的男孩，妈妈们自然会爱这个男孩。这是个双赢的局面。我担心的是那些想得到妈妈的尊重，但却被忽视的男孩。

当问你的孩子这一问题时，务必要确保他不是因为怕你或怕伤害你才选择说"爱"而不是"尊重"。他知道你想听的答案是"爱"。如果在任何时候他感到你对这个问题有所期待时，他便会对你说："我希望听'我爱你'。"他不想因为与你意见不同而被你轻视。为了取得更稳妥的效果，你不妨试试这个方法：你可以对你的儿子说："我希望你可以毫无压力地对我说'妈妈，我知道你爱我，但我觉得你有点不尊重我。'当你这么觉得的时候，我希望你能告诉我。我也许不会改变我说的话，但我会尽量以更尊重的方式对你说话。"

一位妈妈对我说：

> 我尽力让儿子知道我们是多么在意和尊重他的感觉，也尽力确保他能自由地与我们分享他的感觉。我明白，尽管他才 11 岁，我也必须向他表达我的尊重。跟他说话时，我会谨慎地选择自己的用词。我绝不会让他感到我轻视他。我说话时总是格外留神，以免打击他的精神。在跟他的交流中，我也总是尽力引导他去认识与人相处时尊重的重要性。

我再为你提供一个加倍稳妥的办法：问一下你的儿子："什么会让你感到自己被尊重，有荣誉，受赏识？"一些男孩从没被问过这个问题，甚至从未被允许讨论这个问题。有些孩子会激动地告诉妈妈答案。但大多数孩子会说："我不知道。"多数男孩都会感觉不到被尊重，而当一个女孩被问到"被爱是什么感觉"时，她能滔滔不绝地说上很多。

不要因儿子答不上这个问题就觉得尊重对他不重要，没有确定的答案并不代表这对他是小事。与女孩相比，男孩对"表达—回应"没那么敏感。如果仅因为他没有就尊重这个话题侃侃而谈，就得出结论说他没有追求尊重的愿望。这无异于当一个少年被问及对性的看法时，只看到他低着头不说话的样子，大人们就因此得出结论说："我猜我的孩子对性没什么兴趣，因为我问他的时候，他什么也没说。"

我不是要你以尊重的话语去代替爱的话语。男孩们既需要爱，也需要尊重。

一位妈妈在电子邮件中对我说：

> 我的孩子全是男孩，一个3岁，一个5岁，一个7岁，所以我只知道与男孩有关的事。对选择尊重还是爱的问题，他们年龄都太小了，无法表达清楚自己究竟要选什么，但我却知道……我们的大儿子对尊重更敏感，但他也喜欢我们告诉他我们爱他。我注意到，每当我说我以他的某样行为或所做的事为荣的时候，他都会十分骄傲，并会刨根问底地让我告诉他我以他为荣的原因。

"他对尊重更敏感，但也喜欢我们告诉他我们爱他。"正是如此，哪个妈妈能反驳爱与尊重的结合呢？有的妈妈会问："爱默生先生，你是说我对孩子爱得不够深吗？"假如，你可以一边爱他，一边又忽视他对尊重的需要。你一边爱他，一边又毫不以他为荣。他会把你的行为解释为你根本不尊重他这个人。有些妈妈承认："我对儿子爱得深沉，但有时却既不喜欢他，也不尊重他，尽管我会尽量不告诉他这些负面的感觉。我承认我会因为他不听我的话而倍感沮丧和愤怒。"

有趣的是，随着男孩年龄的增长，他会日益看清母亲真正的态度，比母亲自己看得还要清。"妈妈爱我，但她并不以我为荣。"这就是为什么当一位妈妈对自己的大男孩说"我爱你"时，那男孩会气呼呼地说："我知道你爱我。你老是这么说。"令人震惊的是，受伤的母亲直到如今也不明白孩子为何会这么说。

以"第一次"的态度倾听儿子

由于存在"选择性倾听"的现象，我建议你以"第一次"的心态再次倾听儿子。这是另一个你可以立刻采取的行为。

仿佛是第一次，你听到男孩们在交流中使用尊重的语言。你会意识到，你从未留意他们使用的语言，因为这种语言与你无关。你说的是爱的语言，听到的也只是爱的语言。尊重并非你的自然语言，因此你之前也听不到尊重的语言。

一位妈妈听我在演讲中谈到男孩对尊重的需要之后在电子邮件中对我说：

> 我知道你在写一本以"男孩与尊重"为主旨的书。此刻，我正坐在我的儿子旁边。他正在玩一款名为"命运"的电脑游戏。忽然间，他对我说"妈妈，我得到尊重了！"原来在这款游戏中有一个尊重系统，你的技术越好，你的尊重等级就越高。我儿子已经达到了……"名望"级。

按着我的教导，她试着以新的耳朵去听，以新的眼睛去观察。她脑中亮起一盏明灯。而之前，她会任儿子的话语像一艘船一样无声无息地消失在夜色里而不予留意。这一次，儿子的话语为她提供一个机会，她瞥见了儿子成长中的男性灵魂。这一点深深地震撼了她。这件事给她的印象不啻改变历史的大事件。

也许有的妈妈会反驳说："什么游戏等级，只不过是男孩脑中的胡思乱想罢了。"但这种反驳就好像一个做爸爸的说女儿的娃娃屋只不过是小女孩"毫无意义"的幻想一样。不是的。孩子们的这些想法是小小的气泡——它表示地下有泉水在涌动。泉水很快会汇聚成小溪，然后会形成河流。男孩会长成男人，女孩会变成女人。

我呼吁妈妈们仔细聆听。你的孩子是在用"蓝色的麦克风"跟你说话，你也需要借助"蓝色的听筒"才能听懂他的话，因为你"粉色的听筒"跟他的麦克风不在一个频道上。

为什么做妈妈的听不到孩子与尊重有关的语言？在心理学上，这种现象叫作"选择性曝光。"她只想听到她愿意听的话，她看不到她不想看的东西。多数妈妈都希望自己的孩子更有爱心，她持续不断地鼓励他在情感上更为敏感，鼓励他去说"对不起"，鼓励他直视别人的眼睛，鼓励他询问别人的近况，鼓励他对别人"好"。她期盼自己的儿子能拥有的，以爱为特征的言行还有很多很多。她打量一切事物几乎都以爱为滤镜，她有选择地只关注爱的语言。

不止如此，她爱她的儿子，每天都为他付出。因此她渴望儿子能回应她，感激她。妈妈密切地关注着儿子是否珍视自己的奉献，因为在她看来，有良心的儿子一定会赞赏自己的母亲。由于她的头脑主要被爱占据，她不会留意到与尊重相关的事物。

"选择性曝光"会为妈妈们带上眼罩，使她们除了爱之外什么也看不到。给一匹马带上眼罩后，它就只能看到正前方的区域，而看不到周围的世界。

给马套上眼罩为的是不让它受到惊吓，而妈妈的眼罩则使她看不到自己的儿子对尊重的需要，这可不是件好事。

一位妈妈曾对我说：

> 我有一个9岁的儿子。这周，我收到了一张手写的母亲节贺卡，是儿子送我的。这真是世界上最可爱的贺卡。贺卡上的话也许会让你意想不到。他写的是："我赞赏您，因为您是个令人尊敬的妈妈。"接下来写的是他谢谢我为他洗衣服，他觉得我很擅长做数学题，等等。但位于最顶端的是却是尊重的话语。

这个男孩向妈妈展示了他内心深处的某些特质。写信给我的这位妈妈说，她几乎没察觉到男孩显示的品格，因为她没有倾听他。但当她去留意孩子的话时，她被其中蕴含的丰富的信息震撼了。而她几乎错过这些信息。

我要问你一个问题：在了解到"尊重法则"前，如果你儿子因你懂得尊重他而夸赞你，你会怎么想？现在你又会怎么想？

下定绝不轻言放弃的决心

我认识的每个做妻子的女人内心都很柔软。爱的话语能疗愈伤害。我在本书中传授的尊重话语术也会以同样的方式打动你儿子的心。尊重话语术包含的词汇并不多，所以，不要以为它是一门需要花上一整年时间来学习的语言课程。

但请不要拒我于门外。拒绝我是容易的，因为这些道理只有我在谈。

你也许会靠近大声宣扬着"爱"的道理的大喇叭："爱你的儿子，告诉他，他需要对别人付出更多的爱，更多的爱，更多的爱——像你一样！"这个喇叭音量甚高，与它相比，我宛如低语的声音几乎要被淹没："让我教你尊重的话语吧。"

于是你不再倾听我的话，你对自己最好的朋友说："我刚听到这个家伙在说什么我的孩子需要尊重。"她惊讶地对你说："什么？尊重自己的儿子？他需要尊重你才对，这些话太荒唐了。你的儿子需要尊重你的爱，需要更爱你，我的儿子也需要懂得这些道理。我们做母亲的不需要尊重儿子，我们的儿子需要尊重我们才对。别再理那家伙的话了，我们需要告诉我们的儿子他们应该更爱我们才对。"

不止如此，有些妈妈还会对自己说："我感觉自己已经够糟了，我不想觉得更糟。现在哪怕再多一点点打击我也承受不了。我没有精神再去掌握什么尊重话语术。"为了维持内心的平衡，为了尽力维持自己的自信，这类妈妈选择对这个话题完全置之不理。

再过一两个星期，如果没有人提醒你，你也许会将儿子对尊重的需求抛到脑后。你会选择"快速放弃计划"。你又会把全部精力重新放到爱的话语上——每次都会用爱的话语与儿子交流。因为爱的话语是你的母语，你最自然的选择。我邀请你踏上这宝贵的旅途——将尊重话语术置于思维的首要和核心位置，不要因某些与不尊重有关的痛心记忆就放弃它。但你也许会说："爱默生先生，过去我一直非常无礼——不，甚至都不只是无礼。不用说，我肯定让我儿子非常失望。虽然我不会骑着扫帚到处飞，但对他而言，我真的是个'女巫'！"但你并未失败，也没有毁掉儿子的生活。哪怕你的儿子已经72岁，你已经95岁，现在开始也不晚。

"我是个失败的爸爸。我没能好好爱你。我对你的伤害非常深。我希望你能原谅我。你会原谅我吗？你是上天给我的珍贵馈赠，但我太蠢了，一直没把爱你当回事。我给你造成了多少痛苦呀！我已经祈求上天的原谅了。现在，我唯一希望的就是得到你的原谅。"当一位 95 岁的爸爸对 75 的女儿说出这些话时，她会原谅他吗？

如果父亲的是真诚的，据我所知，女儿的内心会发生的剧烈的转变。同样，做妈妈的也能恢复与儿子的关系。开始尊重永远都不晚。这本书将在你修复与儿子的关系时全程给你指引。但你自己必须走出黑暗，迎向光明。你不可放弃我为你指定的"快速开始计划"。

你将迎来光明灿烂的全新日子！世界也将为你歌唱！